NO TE COMPLIQUES CON...

LOS DECIMALES Y PORCENTAJES

~~~~~~~~~~~~~~~~~~~~~~~~~

Actividades y pasatiempos para aprender jugando

NO TE COMPLIQUES CON...

LOS DECIMALES
Y PORCENTAJES

Actividades y pasatiempos
para aprender jugando

Lynette Long

LIMUSA · WILEY

Long, Lynette
   No te compliques con los decimales y porcentajes : Actividades y pasatiempos para aprender jugando = Delightful decimals and perfect percents : games and activities that make math easy and fun / Lynette Long. — México : Limusa, 2016
128 p. : il. ; 24 x 19 cm.
ISBN: 978-968-18-6787-4
Rústica

1. Matemáticas – Estudio y enseñanza (Educación básica)
I. García Arroyo, María Teresa, tr.

Dewey: 372.7 | 22 / L8481n   LC: QA141.3

VERSIÓN AUTORIZADA EN ESPAÑOL DE LA OBRA PUBLICADA EN INGLÉS POR JOHN WILEY & SONS, LTD., CON EL TÍTULO:
DELIGHTFUL DECIMALS AND PERFECT PORCENTS
GAMES AND ACTIVITIES THAT MAKE EASY AND FUN
© JOHN WILEY & SONS, INC.

COLABORADORA EN LA TRADUCCIÓN:
MARÍA TERESA GARCÍA ARROYO
SOCIÓLOGA, UNIVERSIDAD NACIONAL AUTÓNOMA DE MÉXICO.

DISEÑO DE PORTADA: TOMADO DEL ORIGINAL

© 2016, EDITORIAL LIMUSA, S.A. DE C.V.
   GRUPO NORIEGA EDITORES
   BALDERAS 95, MÉXICO, D.F.
   C.P. 06040
   ☎ 5130 0700
   📠 5512 2903
   ✉ limusa@noriega.com.mx
   www.noriega.com.mx

CANIEM NÚM. 121

HECHO EN MÉXICO
ISBN: 978-968-18-6787-4
3.1

Contenido

LA MAGIA DE LOS DECIMALES Y LOS PORCENTAJES

Oferta del día
5 toronjas
por $2.00

Los decimales y los porcentajes están en todas partes. Si vas al supermercado, verás que los precios de todos los productos están expresados en decimales. El peso de la carne también se puede expresar en decimales. Y cuando hay una venta de carne con descuento, éste podría estar expresado como porcentaje. Si quieres tener éxito en las matemáticas y comprender realmente el mundo que te rodea, tendrás que aprender decimales y porcentajes.

20% DE DESCUENTO
NARANJAS
PRECIO $2.90

LIMONES
2 por $1.00

Manzanas
$1.99 kilo

Pero, ¿qué son los decimales? Al igual que las fracciones, los decimales son números que representan una parte de un todo, pero, a diferencia de las fracciones, los decimales no usan una raya de fracción, sino que llevan punto decimal. Todo lo que está a la derecha del punto decimal es menor que cero y todo lo que se ubica a la izquierda del punto decimal es mayor que cero. Algo que hace que sea fácil trabajar con decimales es que, a diferencia de las fracciones, no tienes que encontrar un denominador común para hacer sumas o restas.

Todos los días de tu vida usarás decimales y porcentajes, por lo que sería muy conveniente que comenzaras a practicar con ellos. Empieza con las divertidas actividades de este libro y pronto te convertirás en un maestro de los decimales y los porcentajes. Y después podrás mostrar con orgullo tu certificado de maestro de decimales y porcentajes que se encuentra al final del libro.

GENERALIDADES DE LOS DECIMALES

En esta sección aprenderás los hechos básicos acerca de los decimales. Aprenderás a leerlos y a escribirlos, a convertir un decimal en un porcentaje y, por supuesto, a convertir una fracción en un decimal y un decimal en una fracción. Y por último, pero no menos importante, aprenderás qué es un decimal periódico. Mientras aprendes, resolverás un juego de unir puntos con números decimales, revisarás en Internet las estadísticas de tu equipo favorito de béisbol de Ligas Mayores y compartirás con tus amigos juegos de rapidez.

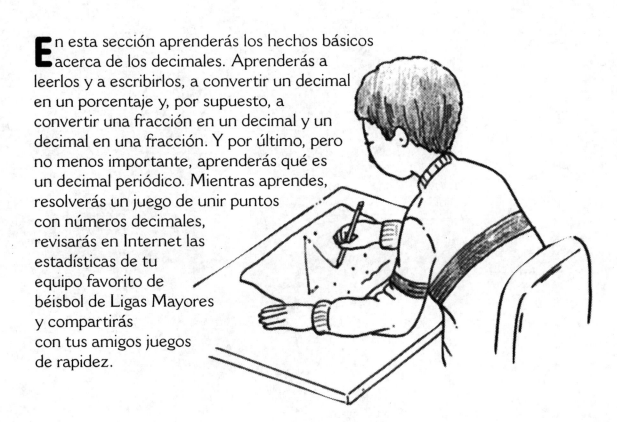

Cazadores periodísticos

Las fracciones, los decimales y los porcentajes expresan partes de un entero. De hecho, puedes usar fracciones, decimales y porcentajes para describir las partes de prácticamente cualquier cosa. Los enunciados "$^3/_5$ de las personas prefieren el helado de chocolate al de vainilla", "0.6 de las personas prefieren el helado de chocolate al de vainilla" y "60% de las personas prefieren el helado de chocolate al de vainilla" significan lo mismo. La versión que utilices depende en parte de la costumbre (lo que las demás personas hacen en la misma situación) y en parte de lo que sea más práctico (es más fácil decir "dos tercios" que "0.666666666..."). En este juego competirás con tus amigos para descubrir ejemplos de fracciones, decimales y porcentajes en un periódico.

Preparación del juego

1. Cada jugador doblará una hoja blanca en ocho secciones. En cada una de ellas escribirá una de las siguientes fracciones:

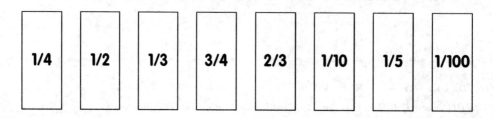

2. Cada jugador doblará una segunda hoja blanca en ocho secciones. En cada una de ellas escribirá uno de los siguientes decimales:

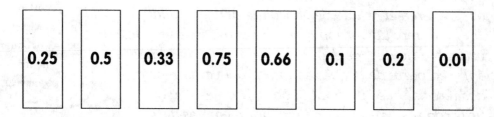

3. Cada jugador doblará una tercera hoja de papel blanco en ocho secciones. En cada una de ellas escribirá uno de los siguientes porcentajes:

| 25% | 50% | 33% | 75% | 66% | 10% | 20% | 1% |

Reglas del juego

1. Cada jugador tomará un montón de periódicos. Los jugadores tienen 30 minutos para buscar en los periódicos, recortar y pegar en sus hojas ejemplos de cualquiera de las fracciones, decimales y porcentajes anotados.

2. Después de 30 minutos, los jugadores contarán el número de fracciones, decimales y porcentajes de sus hojas. El jugador que tenga más es el ganador de la cacería periodística.

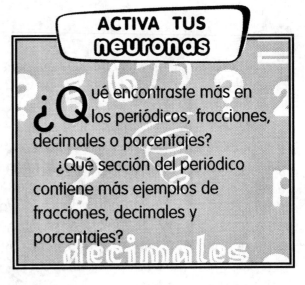

ACTIVA TUS neuronas

¿Qué encontraste más en los periódicos, fracciones, decimales o porcentajes?

¿Qué sección del periódico contiene más ejemplos de fracciones, decimales y porcentajes?

¡Diga esa posición!

El valor de una cifra depende del lugar que ocupe en un número. Observa el número que quieras. Conforme avanzas hacia la izquierda, cada posición o lugar es diez veces más grande que el lugar anterior. Conforme avanzas hacia la derecha, cada posición es un décimo del lugar a su izquierda. Estos son los valores de los lugares comunes: centenas de millón, decenas de millón, unidades de millón, centenas de millar, decenas de millar, unidades de millar, centenas, decenas, unidades, (PUNTO DECIMAL), décimas, centésimas, milésimas, diezmilésimas, cienmilésimas, millonésimas. Observa que el punto decimal separa las cifras que son mayores que uno de las cifras que son menores que uno. Aprende el valor de los números decimales con este juego de rapidez.

Preparación del juego

1. Escribe uno de estos números en cada una de las tarjetas.

100,200,345.6	65.4321
3,040,500,126	0.213645
3,456.12	102.030.40506
2.65431	123.456
60.12345	6,543.0201

Reglas del juego

1. Baraja las tarjetas y voltéalas boca abajo enfrente del jugador 1.

2. El jugador 1 tira el dado. El número tirado es el número de *¡Diga esa posición!*

3. El jugador 2 pone en marcha el cronómetro y le da al jugador 1 un minuto para que *¡Diga esa posición!* en la pila completa de 10 tarjetas.

4. El jugador 1 voltea la tarjeta de hasta arriba. Observa el número que hay en ella y dice el valor posicional del mismo que corresponde al número tirado.

   Ejemplo: si el número de la tarjeta es el 123.456 y el número tirado es 6, entonces el jugador grita: "¡Milésimas!". Si el número tirado es 5, el jugador grita: "¡Centésimas!". Si el número tirado es 4, el jugador grita: "¡Décimas!", etcétera.

5. El jugador 1 voltea el resto de las tarjetas una por una y repite el paso 4 para cada una de ellas. *Nota:* el número tirado no cambia durante el turno de cada jugador. Cada jugador tira el dado sólo una vez.

6. Si el jugador 1 dice correctamente los 10 valores posicionales, gana un punto.

7. Si un jugador nombra de manera incorrecta uno de los valores posicionales, pierde lo que resta de su turno.

8. Después de que termina el turno del jugador 1, las tarjetas se barajan y se colocan boca abajo enfrente del jugador 2.

9. El jugador 2 tira el dado para obtener un nuevo número para iniciar su turno. Entonces el jugador 2 tiene un minuto para que *¡Diga esa posición!* para las mismas 10 tarjetas. Si el jugador 2 dice correctamente los 10 valores posicionales, gana un punto. El jugador 1 pone a funcionar el cronómetro para este turno.

10. Los jugadores siguen jugando por turnos a *¡Diga esa posición!* hasta que uno de ellos llegue a 5 puntos. Ese jugador es el ganador.

Dibuja un cuadro como el que se muestra aquí. Escribe en él tus números decimales y usa el renglón superior del cuadro para ayudarte a leerlos.

Unidad de millar	Centenas	Decenas	Unidades	PUNTO DECIMAL	Décimas	Centésimas	Milésimas

Decimales en la línea

Puedes dibujar una recta numérica de decimales y aprender más acerca del valor posicional.

MATERIALES

regla

lápiz

papel

Procedimiento

1. Traza con la regla una línea recta de 20 centímetros (o de 10 pulgadas) en una hoja de papel.

2. Haz marcas en la línea a intervalos de 2 cm (o de 1 pulgada).

3. Identifica la recta numérica decimal colocando un "0" en uno de los extremos de la línea y un "1" en el otro. Esta línea completa representa un número entero.

0

4. Identifica cada una de las marcas usando decimales en incrementos de una décima. Ahora el número entero está dividido en décimas. Cada incremento representa una décima del entero.

0   0.1   0.2   0.3   0.4   0.5   0.6   0.7   0.8   0.9   1

5. Haz una marca a la mitad entre cada par de números decimales. Identifica esta marcas con los números 0.05, 0.15, 0.25, 0.35, 0.45, 0.55, 0.65, 0.75, 0.85 y 0.95.

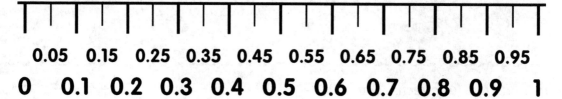

0.05   0.15   0.25   0.35   0.45   0.55   0.65   0.75   0.85   0.95

0   0.1   0.2   0.3   0.4   0.5   0.6   0.7   0.8   0.9   1

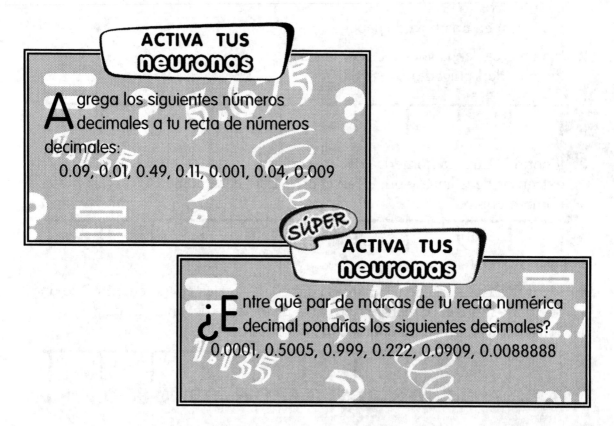

ACTIVA TUS neuronas

Agrega los siguientes números decimales a tu recta de números decimales:

0.09, 0.01, 0.49, 0.11, 0.001, 0.04, 0.009

SÚPER

ACTIVA TUS neuronas

¿Entre qué par de marcas de tu recta numérica decimal pondrías los siguientes decimales? 0.0001, 0.5005, 0.999, 0.222, 0.0909, 0.0088888

Puntos decimales errantes

Juega a recorrer el punto decimal y a leer números decimales.

MATERIALES

lápiz

12 tarjetas
de 7 × 12 cm

baraja

moneda

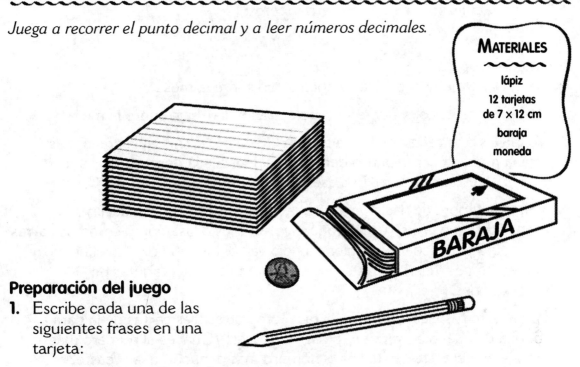

Preparación del juego

1. Escribe cada una de las
siguientes frases en una
tarjeta:

Recorre el punto decimal dos lugares a la derecha.

Recorre el punto decimal dos lugares a la derecha.

Recorre el punto decimal dos lugares a la izquierda.

Recorre el punto decimal dos lugares a la izquierda.

Recorre el punto decimal un lugar a la derecha.

Recorre el punto decimal un lugar a la derecha.

Recorre el punto decimal un lugar a la izquierda.

Recorre el punto decimal un lugar a la izquierda.

Recorre el punto decimal tres lugares a la derecha.

Recorre el punto decimal tres lugares a la izquierda.

Deja el punto decimal en el mismo lugar.

Deja el punto decimal en el mismo lugar.

2. Saca de la baraja todas las cartas con figura (reyes, reinas y jacks). Estas cartas se utilizarán para representar ceros.

Reglas del juego

1. Baraja las tarjetas y colócalas boca abajo sobre la mesa.

2. Baraja las cartas con números y colócalas boca abajo sobre la mesa.

3. Voltea las tres cartas de hasta arriba. Colócalas en hilera sobre la mesa. Usa la moneda como punto decimal y colócala a la derecha de las tres cartas. Lee este número. Los ases se consideran como unos.

4. Voltea la tarjeta de hasta arriba de la pila. Mueve el punto decimal (la moneda) según la instrucción que diga la tarjeta. Usa como ceros las cartas con figura para llenar cualquier espacio vacío. Lee en voz alta el nuevo número. Sigue jugando hasta que se agoten todas las tarjetas de instrucciones.

5. Pon aparte tus tres primeras cartas. Toma otras tres cartas de la baraja. ¡Baraja de nuevo las tarjetas y vuelve a jugar! ¿Cuál es el número más grande que creaste? ¿Cuál es el número más pequeño que creaste?

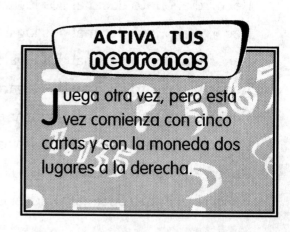

ACTIVA TUS neuronas

Juega otra vez, pero esta vez comienza con cinco cartas y con la moneda dos lugares a la derecha.

𝒯rucos y secretitos ∼∼∼∼∼∼∼∼∼∼∼∼∼∼∼∼∼∼∼

Cómo leer un número decimal:

1. Si el número decimal es menor que uno, escribe un cero en el lugar de las unidades.

2. Lee el número que está antes del punto decimal y agrégale la palabra "enteros".

3. Lee el punto decimal como "con".

4. Lee el número que está después del punto decimal y agrégale el valor posicional (décimas, centésimas, etc.) de la última cifra.

Ejemplos:

1.23 se lee: "un entero con veintitrés centésimas".

0.007 se lee: "cero enteros con siete milésimas".

Une los decimales

Resuelve este juego de unir puntos para comprender mejor los decimales.

Procedimiento

1. Saca una copia fotostática del juego de unir puntos de esta página.

2. Comienza en el 0.0 y une los puntos en orden del decimal más pequeño al más grande.

0.0
0.0004

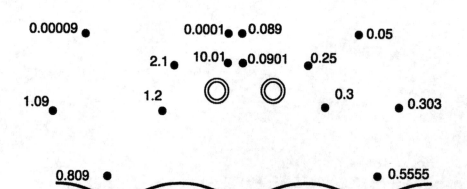

0.00009

0.0001   0.089

0.05

2.1   10.01   0.0901   0.25

1.2

0.3

1.09

0.303

0.809

0.5555

16

Trucos y secretitos

Para comparar decimales, comienza con los números que ocupan el lugar de las décimas, después con los números que ocupan el lugar de las centésimas, y así sucesivamente.

ACTIVA TUS neuronas

Crea tu propio juego de unir puntos. Haz una lista de decimales. Colócalos en orden del menor al mayor. Piensa en una figura y acomoda una serie de puntos en una hoja de papel para que al unir los puntos puedas crearla. Identifica cada punto con un número decimal de modo que se puedan conectar en el orden correcto.

Conversión de decimales dinamita

Para convertir un decimal en una fracción, usa las cifras del decimal para formar el numerador (el número que va arriba de la raya de fracción). El denominador (el número que va abajo de la raya de fracción) siempre es un múltiplo de diez, como 10, 100, 1000, etc. Puedes saber cuál es el múltiplo de diez considerando el valor posicional de la cifra más alejada a la derecha del punto decimal. (Otra manera de encontrar el denominador: debe contener el mismo número de ceros como cifras hay a la derecha del punto decimal.) Una vez que has convertido el decimal en una fracción, simplifícala a su mínima expresión. (Consulta el recuadro Trucos y secretitos para recordar cómo se simplifican fracciones.)

MATERIALES

2 o más jugadores
baraja

EJEMPLOS

Para convertir 0.4 en una fracción, coloca el 4 en el numerador. Puesto que en 0.4 el 4 ocupa el lugar de las décimas, usa el 10 como denominador. Escribe la fracción $^4/_{10}$. Simplifica $^4/_{10}$ a $^2/_5$.

Para convertir 0.55 en una fracción, coloca el 55 en el numerador. Puesto que 0.55 se lee cincuenta y cinco centésimas, el denominador es 100. Por lo tanto, deberás escribir la fracción $^{55}/_{100}$. Simplifica $^{55}/_{100}$ a $^{11}/_{20}$.

Juega ahora con algunos amigos para practicar la conversión de decimales a fracciones y la simplificación de estas últimas.

Preparación del juego

1. Saca de la baraja todos los dieces y las cartas con figura (reyes, reinas y jacks).

2. Del resto de las cartas, separa las rojas de las negras. (Guarda las cartas negras para la sección Súper conversión de decimales.)

Reglas del juego

1. Baraja las cartas rojas y colócalas boca abajo en el centro de la mesa.

2. El jugador 1 voltea la carta de encima y la coloca boca arriba en el centro de la mesa. La carta roja representa una fracción decimal en décimas. Por ejemplo, el tres de corazones o el tres de diamantes representa 0.3 (tres décimas). El seis de corazones o el seis de diamantes representa 0.6 (seis décimas).

3. Los dos jugadores convierten el decimal en una fracción y la simplifican a la fracción más pequeña posible. El primer jugador que grite la fracción correcta más pequeña gana la carta. Por ejemplo, si la carta que se voltea es el 5 de diamantes, el primer jugador que grite: "¡Un medio!", gana la carta. Si se voltea el as de corazones, el primer jugador que grite: "¡Un décimo!", gana la carta. Recuerda que los ases se toman como unos.

4. El jugador que obtenga el mayor número de cartas gana el juego.

SÚPER CONVERSIÓN DE DECIMALES

Juega otra vez, sólo que ahora usa las cartas negras para representar el lugar de las centésimas en cada fracción decimal. Voltea una carta negra y una carta roja de cada pila. El número de la carta roja será el número del lugar de las décimas y el número de la carta negra será el número del lugar de las centésimas. Por ejemplo, el siete de corazones y el ocho de picas sería 0.78. El seis de corazones y el as de tréboles sería 0.61.

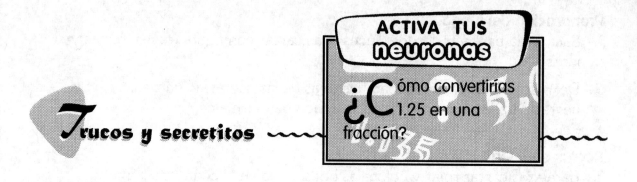

Trucos y secretitos

Para simplificar una fracción a su mínima expresión, divide el numerador y el denominador entre el mismo número. (Si no puedes encontrar un número que divida exactamente tanto al numerador como al denominador, la fracción está simplificada a su mínima expresión).

Ejemplos:

1. Simplifica $^{25}/_{30}$.

   Divide 25 y 30 entre 5.

   $^{25}/_{30} = {^5}/_6$

   5 y 6 no pueden dividirse entre el mismo número, por lo que $^5/_6$ es la fracción simplificada mínima.

2. Simplifica $^3/_{11}$.

   3 y 11 no pueden dividirse entre el mismo número, por lo tanto $^3/_{11}$ es la fracción simplificada mínima.

3. Simplifica $^6/_{12}$.

   Divide 6 y 12 entre 2.

   $^3/_6$ aún no es la fracción simplifica mínima. Divide 3 y 6 entre 3.

   $^3/_6 = {^1}/_2$

   $^1/_2$ es la fracción simplificada mínima.

¡Pónchalo!

Para convertir una fracción a decimal, divide el numerador entre el denominador. Practica la conversión de fracciones a decimales mientras examinas las estadísticas de tu equipo favorito de beisbol de Grandes Ligas.

MATERIALES

computadora con acceso a Internet o periódico con estadísticas de deportes

lápiz

papel

calculadora

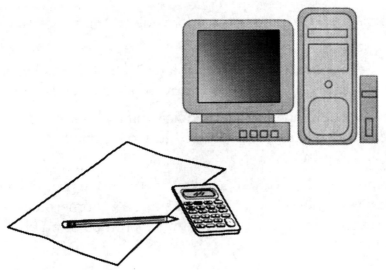

Procedimiento

1. Conéctate a Internet. Entra en la página www.mlb.com. Si no tienes computadora con acceso a Internet, busca en la sección de deportes del periódico de tu localidad las estadísticas de bateo de tu equipo de beisbol favorito y continúa en el paso 4.

2. En MLB, haz clic en estadísticas (stats) en la parte superior de la página y escoge tu equipo favorito de beisbol de Grandes Ligas. Haz clic en estadísticas de bateo (*batting statistics*). Obtén las estadísticas de bateo de toda la temporada. Encontrarás una lista de los jugadores del equipo y sus estadísticas individuales.

3. Copia en una hoja de papel el cuadro que se muestra enseguida.

Jugadores y sus posiciones	AB	H	AVG	HR	HR AVG

4. Escribe en el cuadro los nombres de los jugadores de tu equipo y sus posiciones.

5. Copia los números de la columna AB (que significa "al bate") en el cuadro. Este es el número de veces que un jugador estuvo en la caja de bateo.

6. Copia los números de la columna H (que significa "hits") en el cuadro. Este es el número de veces que el jugador bateó de hit. Un hit puede ser sencillo, doble, triple o jonrón.

7. AVG significa "promedio de bateo" del jugador. Encuentra el promedio de bateo de un jugador dividiendo el número de hits entre el número de veces al bate. Usa la calculadora como ayuda. Registra los promedios en el cuadro.

$$AVG = {}^H/_{AB}$$

¿Concuerda tu respuesta con la cifra que se encuentra en Internet o en el periódico?

8. Copia el número de la columna HR (que significa "jonrones") en tu cuadro. Este es el número de jonrones que bateó cada jugador.

9. Ahora calcula el HR AVG (promedio de jonrones) dividiendo el número de jonrones (HR) entre el número de veces al bat (AB). Usa la calculadora como ayuda. Registra los resultados en el cuadro.

$$HR\ AVG = {}^{HR}/_{AB}$$

10. ¿Quién tiene el promedio de bateo más alto del equipo? ¿Quién tiene el promedio de jonrones más alto del equipo? ¿Qué posiciones juegan los bateadores con los promedios más altos?

ACTIVA TUS neuronas

Usa el sitio web para buscar los líderes de la liga (los jugadores con el promedio de bateo más alto o con el número de jonrones más alto).

Valores iguales

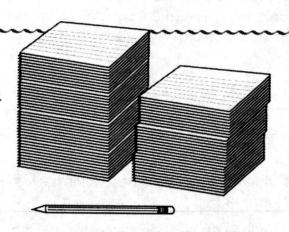

Asocia fracciones comunes con sus equivalentes decimales.

Preparación del juego

Escribe cada una de las siguientes fracciones y decimales en una tarjeta:

$^1/_{10}$	0.1	$^3/_5$	0.6	$^{12}/_{20}$	0.6
$^2/_{10}$	0.2	$^4/_5$	0.8	$^{15}/_{20}$	0.75
$^3/_{10}$	0.3	$^5/_5$	1	$^{16}/_{20}$	0.8
$^4/_{10}$	0.4	$^1/_4$	0.25	$^1/_8$	0.125
$^5/_{10}$	0.5	$^2/_4$	0.5	$^2/_8$	0.25
$^6/_{10}$	0.6	$^3/_4$	0.75	$^3/_8$	0.375
$^7/_{10}$	0.7	$^4/_4$	1	$^4/_8$	0.5
$^8/_{10}$	0.8	$^1/_{20}$	.05	$^5/_8$	0.625
$^9/_{10}$	0.9	$^3/_{20}$	0.15	$^6/_8$	0.75
$^{10}/_{10}$	1	$^4/_{20}$	0.2	$^7/_8$	0.875
$^1/_5$	0.2	$^5/_{20}$	0.25	$^8/_8$	1
$^2/_5$	0.4	$^{10}/_{20}$	0.5		

Reglas del juego

1. Baraja las tarjetas y reparte a cada jugador la mitad de ellas. Cada jugador debe colocar frente a él sus tarjetas boca abajo.

2. El jugador 1 voltea la tarjeta de hasta arriba y la coloca en el centro de la mesa.

3. El jugador 2 voltea la tarjeta de hasta arriba y la coloca encima de la tarjeta del jugador 1. Por turnos, los jugadores añaden una tarjeta volteada en el montón del centro.

4. Cuando dos tarjetas consecutivas tengan el mismo valor, los jugadores deberán apresurarse a poner su mano sobre el montón de tarjetas, pues el primero que lo haga ganará el montón completo. Recuerda, la idea es asociar las fracciones y los decimales que tengan el mismo valor.

5. Si un jugador pone su mano sobre el montón de tarjetas cuando las dos tarjetas de encima no tienen el mismo valor, el otro jugador gana el montón completo.

6. El juego continúa hasta que uno de los jugadores gane todas las tarjetas.

𝒯rucos y secretitos ~~~~~~~~~~~~~~~~~~~~~~~~~~~~~

Si memorizas los pares de fracciones comunes y decimales usados en este juego, no sólo te convertirás en campeón del juego Valores iguales, sino que siempre podrás cambiar estas fracciones a sus equivalentes decimales y viceversa con la mano en la cintura.

~~~~~~

Decimales interminables

Un decimal periódico es aquel en el cual la misma cifra o la misma serie de cifras se repite de manera indefinida. Este juego te ayudará a aprender a reconocer los decimales periódicos.

Preparación del juego

1. Saca de la baraja todas las cartas con figura (reyes, reinas y jacks).

1. Reparte a cada persona una hoja de papel y un lápiz.

Reglas del juego

1. Baraja las cartas y colócalas boca abajo en el centro de la mesa.

2. El jugador 1 tira el dado. El numero tirado es el numerador de la fracción.

3. El jugador 2 voltea la carta de encima. El número de la carta es el denominador de la fracción.

4. Los dos jugadores convierten la fracción en un número decimal dividiendo el numerador entre el denominador. Los jugadores deben usar papel y lápiz para hacer sus cálculos.

5. Si el decimal es periódico, los jugadores gritan: "¡Periódico!", y ponen su mano sobre la carta. El primer jugador que lo haga gana la carta de encima y todas las que están debajo de ella.

6. El jugador 2 voltea la siguiente carta y los dos jugadores la usan como el siguiente denominador con el mismo numerador. Se repiten los pasos 4 y 5.

7. El juego continúa con toda la pila de cartas una por una. Cuando se hayan terminado todas las cartas, el jugador que tenga más cartas será el ganador.

8. El jugador 2 tira el dado para encontrar un nuevo numerador. El jugador 1 baraja las cartas y las coloca boca abajo en el centro de la mesa. El jugador 1 voltea la carta de encima y los jugadores comienzan la siguiente ronda.

9. El primer jugador que gane tres rondas será el triunfador.

Trucos y secretitos ∿∿∿∿∿∿∿∿∿∿∿∿∿∿∿∿

Un tercio es una fracción que se convierte en un decimal periódico. Convierte $\frac{1}{3}$ en decimal dividiendo 1 entre 3.

$$\begin{array}{r} .3333 \\ 3\overline{)1.000} \end{array}$$

Para indicar un decimal periódico, coloca una raya horizontal encima del número o números que se repiten: $\frac{1}{3} = .\overline{3}$

Cambia $\frac{1}{9}$ a decimal.

$$\begin{array}{r} .11111 \\ 9\overline{)1.00000} \end{array}$$

$$\frac{1}{9} = .\overline{1}$$

Algunas veces, un decimal periódico incluye una serie de cifras que se repiten.

$\frac{1}{11} = 0.09090909 \ldots$ o $.\overline{09}$

$\frac{1}{7} = 0.142857142857 \ldots$ o $0.\overline{142857}$

∿∿∿∿∿∿∿∿∿∿∿∿∿∿∿∿∿∿∿∿∿∿∿∿∿∿

III

SUMA Y RESTA DE DECIMALES

Ahora que ya conoces los aspectos básicos de los decimales, es tiempo de que aprendas cómo sumarlos y restarlos. Aprenderás a sumar y restar números decimales y números decimales mayores que uno. Y, por supuesto, aprenderás a restar un decimal de un número entero, operación que no deja de tener sus bemoles. Al mismo tiempo, calcularás todas las combinaciones de monedas fraccionarias que forman un peso, harás un montón de compras, compararás los costos del envío de un paquete y jugarás muchísimos juegos divertidísimos.

ENTREGA URGENTE 3 kilos por $3.20

ESTAM-PILLAS PARA REGALO

SPM

Muchos pesos

Para sumar decimales, primero alínea los puntos decimales y después suma los dos números de la manera acostumbrada. Recuerda que debes comenzar a sumar por la derecha e ir avanzando hacia la izquierda. En esta actividad convertirás monedas fraccionarias en sus equivalentes decimales y descubrirás distintas formas de sumar estos decimales para formar un peso.

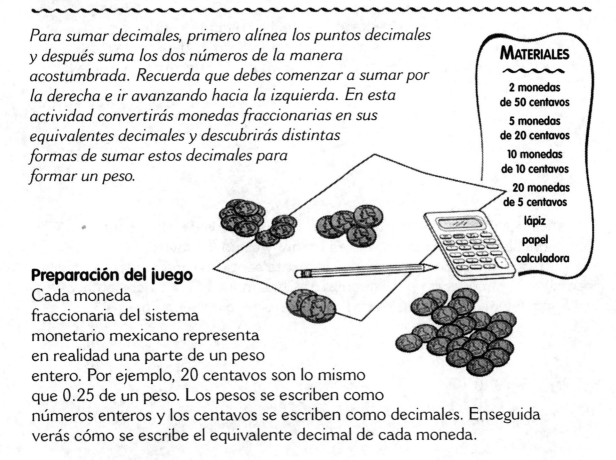

MATERIALES

2 monedas
de 50 centavos

5 monedas
de 20 centavos

10 monedas
de 10 centavos

20 monedas
de 5 centavos

lápiz

papel

calculadora

Preparación del juego

Cada moneda fraccionaria del sistema monetario mexicano representa en realidad una parte de un peso entero. Por ejemplo, 20 centavos son lo mismo que 0.25 de un peso. Los pesos se escriben como números enteros y los centavos se escriben como decimales. Enseguida verás cómo se escribe el equivalente decimal de cada moneda.

Cincuenta centavos = 0.50

Veinte centavos = 0.20

Diez centavos = 0.10

Cinco centavos = 0.05

Para sumar los valores de dos monedas, sólo suma sus valores decimales. Por ejemplo, para sumar dos monedas de veinte centavos, sólo suma 0.20 más 0.20. Mantén el punto decimal en el mismo lugar y asegúrate de incluirlo en tu respuesta.

$$
\begin{array}{r}
0.20 \\
+\ 0.20 \\
\hline
0.40
\end{array}
$$

Veinte centavos más veinte centavos es igual a cuarenta centavos.

Para sumar veinte centavos más cinco centavos más diez centavos, conviértelos a sus valores decimales, alínea los puntos decimales y suma los números.

$$
\begin{array}{r}
0.20 \\
0.05 \\
+\ 0.10 \\
\hline
0.35
\end{array}
$$

Si tienes una moneda de veinte centavos, una moneda de cinco centavos y una moneda de diez centavos, tienes treinta y cinco centavos.

¿Cuánto suman una moneda de cincuenta centavos, una moneda de veinte centavos, dos monedas de diez centavos y dos monedas de cinco centavos?

Suma los valores decimales de las monedas para averiguarlo.

$$
\begin{array}{r}
0.50 \\
0.20 \\
0.10 \\
0.10 \\
0.05 \\
+\ 0.05 \\
\hline
1.00
\end{array}
$$

Si tienes una moneda de cincuenta centavos, una moneda de veinte centavos, dos monedas de diez centavos y dos monedas de cinco centavos, ¡tienes un peso! Observa que el uno que llevas se suma en el lugar de las unidades.

Reglas del juego

1. Hay muchas formas diferentes en las que puedes formar un peso con monedas de cincuenta, veinte, diez y cinco centavos. Piensa en todas las combinaciones que puedas y escríbelas. Verifica tus resultados sumando los valores de las monedas con una calculadora.

2. Responde las siguientes preguntas. Intenta responderlas primero sin la ayuda de una calculadora, después verifica los resultados.

- Puedes formar un peso sólo con monedas de cinco centavos. ¿Cuántas monedas de cinco centavos necesitas?

- También puedes formar un peso sólo con monedas de diez centavos. ¿Cuántas monedas de diez centavos necesitas?

- ¿Qué pasa si sólo usas monedas de veinte centavos? ¿Cuántas monedas de veinte centavos necesitas?

- Hay una sola manera de formar un peso con una moneda de cincuenta centavos y monedas de diez centavos. ¿Puedes descubrir cuál es?

- Hay nueve maneras diferentes de formar un peso tanto con monedas de cinco como de diez centavos? ¿Puedes encontrarlas?

- Hay trece maneras de formar un peso cuando una de ellas es de cincuenta centavos. ¿Cuáles son?

- Sólo hay dos maneras diferentes de formar un peso usando por lo menos una cada una de las monedas. ¿Cuáles son?

- Hay sólo dos maneras diferentes de formar un peso usando al menos una moneda de cada denominación. ¿Cuáles son?

ACTIVA TUS neuronas

Si hubiera monedas de un centavo además de las de cinco, diez, veinte y cincuenta centavos, encuentra diez maneras diferentes de formar un peso usando al menos treinta monedas de un centavo.

Deslumbrante suma de decimales

Para sumar decimales y números enteros, coloca los decimales en una columna vertical uno arriba del otro. Asegúrate de alinear los puntos decimales. En la respuesta, coloca el punto decimal directamente abajo de los otros puntos decimales. Con este juego practicarás la suma de decimales y números enteros.

> **MATERIALES**
>
> 2 o más jugadores
>
> baraja
>
> 4 monedas pequeñas
>
> lápices
>
> papel

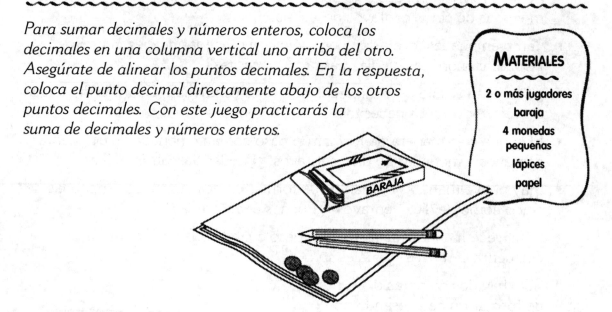

Preparación del juego

1. Saca de la baraja todos los dieces y las cartas con figura (reyes, reinas y jacks). Recuerda que los ases se toman como unos.

2. Dale dos monedas a cada jugador.

Reglas del juego

1. Baraja las cartas y colócalas boca abajo en el centro de la mesa.

2. Reparte cuatro cartas a cada jugador. Cada jugador coloca sus cartas boca abajo en dos hileras de dos cartas cada una. Cada jugador coloca una moneda a la derecha de cada conjunto de dos cartas. Las monedas representan los puntos decimales.

3. Un jugador dice: "A jugar", y los dos jugadores voltean sus cartas. Los jugadores pasan todas las cartas rojas a la derecha del punto decimal. Todas las cartas negras permanecen a la izquierda del punto decimal.

4. Los dos jugadores suman sus números decimales y escriben sus respuestas en una hoja de papel.

5. El primer jugador en sumar correctamente sus dos números gana la ronda.

6. Las cartas usadas se descartan y el jugador que reparte las cartas le entrega a cada jugador seis cartas nuevas. Cada uno de los jugadores las coloca boca abajo en dos hileras de tres cartas cada una. Cada jugador coloca un punto decimal (moneda) a la derecha de cada conjunto de tres tarjetas.

7. Uno de los jugadores dice: "A jugar", y los dos jugadores voltean sus cartas. Los jugadores pasan las cartas rojas a la derecha del punto decimal. Todas las cartas negras se mantienen a la izquierda del punto decimal.

8. Los dos jugadores suman sus números decimales y escriben sus respuestas en una hoja de papel.

9. El primer jugador en sumar correctamente sus dos números gana la ronda.

10. Las cartas usadas se descartan y el jugador que reparte las cartas le entrega a cada jugador ocho cartas nuevas. Cada jugador coloca sus cartas boca abajo en dos hileras de cuatro cartas cada una. Cada jugador coloca una moneda a la derecha de cada conjunto de cuatro cartas.

11. Uno de los jugadores dice: "A jugar", y los dos jugadores voltean sus cartas. Los jugadores pasan todas las cartas rojas a la derecha del punto decimal. Todas las cartas negras permanecen a la izquierda del punto decimal.

12. Los dos jugadores suman sus números decimales y escriben sus respuestas en una hoja de papel.

13. El primer jugador en sumar correctamente sus dos números gana la ronda.

14. El jugador que gane dos de tres rondas gana el juego.

Cuenta hacia atrás

Es muy fácil restar decimales. Para restarle un decimal a otro decimal, sólo alinea los puntos decimales y haz la resta en la forma acostumbrada. Comienza a la derecha y ve avanzando a la izquierda. En la respuesta, coloca el punto decimal debajo de los otros puntos decimales. Si uno de los decimales es más corto que el otro, agrega ceros al final para hacer que los dos números tengan la misma longitud.

MATERIALES

dos jugadores
4 dados
lápiz
papel

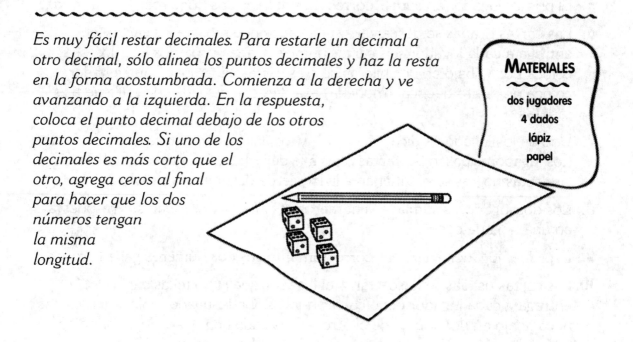

EJEMPLO

$$\begin{array}{r} \$7.50 \\ -2.25 \\ \hline \$5.25 \end{array}$$

$$0.5 - 0.32 =$$

$$\begin{array}{r} 0.50 \\ -0.32 \\ \hline 0.18 \end{array}$$

Juega con un amigo y practiquen la resta de decimales.

Reglas del juego

1. Los jugadores tiran dos dados para ver quién empieza.

2. Los dos jugadores escriben el número 0.99 en una hoja de papel.

3. El jugador 1 tira dos dados y usa su tirada para crear un decimal (usando uno de los números para representar las décimas y el otro para representar las centésimas). El jugador 1 resta el número tirado a 0.99. *Ejemplo:* si un jugador tira un 3 y un 2, el decimal creado sería 0.32 o 0.23. El jugador 1 elige 0.23 y resta este número a 0.99. El resultado es 0.76.

4. El jugador 2 tira dos dados, crea un decimal y resta el resultado a 0.99.

5. El jugador 1 tira dos dados y resta el decimal tirado a la diferencia anterior. *Ejemplo:* si el jugador 1 tira un 6 y un 6, el decimal creado, que es 0.66, se resta a 0.76. El resultado es 0.10.

6. El jugador 2 tira los dados y el juego continúa hasta que el número tirado sea más grande que el número que queda. En ese caso, el jugador pierde la ronda.

7. En la segunda ronda, los dos jugadores comienzan escribiendo 0.999 en una hoja de papel y cada jugador tira tres dados.

8. En la tercera ronda, los dos jugadores comienzan escribiendo 0.9999 en una hoja de papel y cada uno de los jugadores tira cuatro dados.

9. El jugador que gane dos de tres rondas gana el juego.

Entrega nocturna

Practica la resta de un decimal de otro decimal al tiempo que comparas los costos del envío de un paquete mediante servicios de entrega diferentes.

MATERIALES

amigo o
familiar lejano

teléfono

directorio telefónico

lápiz

papel

Procedimiento

1. Encuentra la dirección de un amigo o pariente que viva muy lejos y escríbela en una hoja de papel.

2. Busca los siguientes teléfonos en tu directorio telefónico: Servicio Postal, Federal Express, United Parcel Service.

3. Llama a cada uno de estos servicios de mensajería y pregunta cuánto costaría enviar una carta para entrega al día siguiente desde tu localidad hasta la casa de tu amigo o pariente. Debes tener a la mano la dirección y el código postal para informarlo al servicio de mensajería para que te digan el precio correcto.

4. Encuentra las respuestas a estas preguntas:
¿Cuál es el servicio de mensajería más caro?
¿Cuál es el servicio de mensajería menos caro?

Resta el precio del servicio menos caro al precio del servicio más caro.
¿Cuál es la diferencia en precio?

Montón de compras

Para restar decimales y números enteros, sólo coloca un punto decimal después del número entero y añade tantos ceros como sean necesarios para que los dos números tengan el mismo número de lugares después del punto decimal.

EJEMPLO

$10 - $2.99 =

$10.00
-$2.99
‾‾‾‾‾‾
$7.01

Practica la resta de números enteros y decimales al tiempo que simulas que compras ropa.

Procedimiento

1. Supón que tus padres te dieron $1000 para comprar ropa y que vas a ir de compras. Imagina que vives en una ciudad donde la venta de ropa está libre de impuestos y que los catálogos que estás usando ofrecen el envío gratis.

2. Recorta las fotografías de la ropa del catálogo que te gustaría comprar.

3. De las fotografías que recortaste, escoge tu primer artículo. ¿Puedes pagarlo? Si tu respuesta es afirmativa, réstale el precio a tus $1000. Si es necesario, recuerda agregar ceros de modo que tu dinero para ropa se escriba como $1000.00

4. Ahora escoge otra prenda. Si puedes pagarla con la cantidad que te sobra, réstale el precio a esa cantidad.

5. Sigue eligiendo prendas y réstale el precio al dinero que te vaya quedando hasta que la cantidad de dinero que te sobre sea tan pequeña que ya no puedas comprar nada más. ¿Qué tanto compraste con tus $1000? Pega en la hoja grande todas las prendas que pudiste comprar.

ACTIVA TUS neuronas

Si todos los artículos del catálogo estuvieran a mitad de precio, ¿qué podrías comprar?

Intercambio de ceros

Con este juego, a un número entero le restarás números decimales.

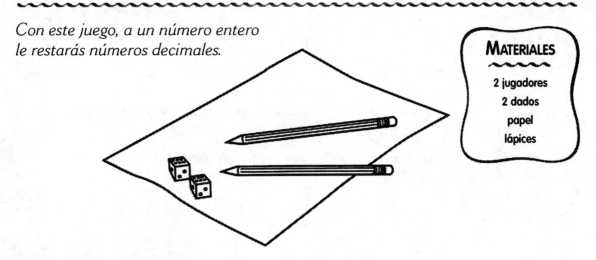

MATERIALES

2 jugadores

2 dados

papel

lápices

Reglas del juego

1. Cada uno de los jugadores tira uno de los dados. El número del dado es el número que el jugador usará para construir una resta. El número tirado representa también el número de ceros que los jugadores usarán para construir la resta.

2. Cada jugador usa el número que tiró para escribir una resta que incluya un número entero menos un decimal.

EJEMPLOS

Si uno de los jugadores tira un 1, el jugador debe usar sólo el dígito 1 y un cero. Las restas posibles son

$$1 - 0.01$$
$$10 - 0.1$$

Si uno de los jugadores tira un 2, el jugador debe usar sólo el numeral 2 y dos ceros. Las restas posible son

$$2 - 0.002$$
$$2 - 0.020$$
$$20 - 0.02$$
$$20 - 0.20$$
$$200 - 0.2$$

3. Los jugadores intercambian restas y las resuelven. El primero en resolver las restas que le tocaron, gana un punto.

4. Cada uno de los jugadores tira otra vez un solo dado, y diseña y resuelve restas nuevas.

5. El primer jugador que llegue a 10 puntos gana el juego.

IV

MULTIPLICACIÓN Y DIVISIÓN DE DECIMALES

Ahora que ya sabes sumar y restar decimales, es tiempo de que aprendas a multiplicar decimales por decimales y decimales por números enteros, así como a dividir un decimal entre un decimal y un decimal entre un número entero. Hay muchos tipos diferentes de multiplicaciones y divisiones, pero una vez que les encuentres el modo, verás que los principios son los mismos en todos los casos.

En esta sección, a medida que aprendas cómo trabajar con decimales, también averiguarás cuánto han aumentado los precios de la comida rápida desde la década de 1960, aprenderás a convertir el dinero de una moneda a otra e incluso descifrarás un mensaje codificado.

La guerra de las multiplicaciones

Para multiplicar dos decimales, se multiplican los dos números como si fueran números enteros. Después cuentas el número de cifras a la derecha del punto decimal en los dos números y los sumas. Empezando a la derecha de la respuesta, cuentas hacia la izquierda este número de lugares. Colocas allí el punto decimal.

MATERIALES

2 jugadores
baraja

EJEMPLO

¿Cuánto es 0.004 × 0.12? Haz la multiplicación como si las cifras fueran números enteros: 4 × 12 = 48. Cuenta los numerales a la derecha de los puntos decimales en la multiplicación original. Son cinco. Cuenta cinco espacios a la izquierda del producto de tu multiplicación y pon allí el punto decimal. En caso de que se te acaben los lugares, añade ceros. La respuesta es 0.00048.

Con este juego de rapidez con cartas, practica la multiplicación de dos decimales.

Preparación del juego

Saca de la baraja todas las cartas con figura (reyes, reinas y jacks) y los dieces. Te deben quedar 36 cartas. Recuerda que los ases se toman como unos.

Reglas del juego

1. Reparte 18 cartas a cada jugador. Los dos jugadores colocan sus cartas boca abajo formando una pila frente a ellos.

2. Cada uno de los jugadores voltea al mismo tiempo su carta de encima y los dos multiplican los valores de estas dos cartas. Las cartas negras representan décimas y las rojas representan centésimas.

   Ejemplo: uno de los jugadores saca el seis de picas. Puesto que las picas son negras, el seis ocupa el lugar de las décimas: 0.6. El otro jugador saca el seis de diamantes. Puesto que los diamantes son rojos, el seis ocupa el lugar de las centésimas: 0.06. Los dos jugadores multiplican 0.6 por 0.06 lo más rápido que puedan. El primer jugador que grite la respuesta correcta (0.036) gana las dos cartas.

3. Si los dos jugadores gritan la respuesta correcta exactamente al mismo tiempo, es una guerra de multiplicaciones. Los dos jugadores colocan de manera simultánea tres nuevas cartas boca abajo y una cuarta carta nueva boca arriba frente a ellos. El primer jugador que grite el producto correcto de las dos cartas que están boca arriba, ¡gana las 10 cartas!

4. El juego continúa hasta que uno de los jugadores haya ganado todas las cartas.

*T*rucos y secretitos

1. Cuando multiplicas décimas por décimas, la respuesta siempre está en centésimas.

   Ejemplo: $0.1 \times 0.5 = 0.05$ (cinco centésimas)

   Ejemplo: $0.3 \times 0.7 = 0.21$ (veintiún centésimas)

2. Cuando multiplicas centésimas por centésimas, la respuesta siempre está en diezmilésimas.

   Ejemplo: $0.03 \times 0.06 = 0.0018$ (dieciocho diezmilésimas)

   Ejemplo: $0.01 \times 0.01 = 0.0001$ (una diezmilésima)

3. Cuando multiplicas décimas por centésimas, la respuesta siempre está en milésimas. Ejemplo: $0.4 \times 0.01 = 0.004$ (cuatro milésimas).

Inflación

Para multiplicar un decimal por un número entero, primero multiplica los dos números como si fueran números enteros. Después cuenta el número de lugares que hay a la derecha del punto del número decimal. Comenzando a la derecha de la respuesta, cuenta a la izquierda el mismo número de espacios que contaste en el número decimal. Coloca allí el punto decimal.

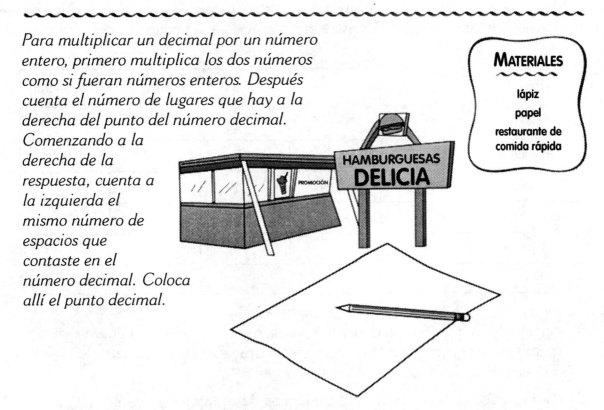

MATERIALES

lápiz
papel
restaurante de
comida rápida

HAMBURGUESAS
DELICIA

EJEMPLO

¿Cuánto es 0.6 × 700? Primero multiplica: 6 × 700 = 4200. En la respuesta, recorre el punto decimal un espacio a la izquierda. La respuesta se convierte en 420.0 o 420.

Mientras comparas los precios de la comida rápida de ahora con los que había en la década de 1960, practica la multiplicación de decimales por números enteros.

Procedimiento

1. Copia en una hoja de papel el cuadro de abajo.

2. Supón que en 1964, una hamburguesa de restaurante de comida rápida costaba 95 centavos, una orden de papas costaba 40 centavos, un refresco chico costaba 60 centavos y una malteada costaba 80 centavos. Registra estos precios en tu cuadro.

3. Visita un restaurante local de comida rápida y mira los precios de una hamburguesa, una papas chicas, un refresco chico y una malteada. (No consideres los paquetes.) Registra estos precios en el cuadro.

Artículo	Precios de 1964	Precios actuales	Orden de tu familia	Costo total a precios de 1964	Costo total a precios actuales
Hamburguesa					
Orden de papas					
Refresco chico					
Malteada					
Total					

4. Ahora supón que vas a ordenar la comida para tu familia. Pregúntales a todos qué les gustaría de la comida de tu lista. Escribe el número de órdenes de cada artículo en tu cuadro.

5. Para calcular cuánto cuesta hoy la comida de tu familia y cuánto habría costado en 1964, multiplica el precio de cada artículo por el número ordenado de cada uno y suma los totales.

   Ejemplo: hoy una orden de papas fritas cuesta $17.50. Dos personas pidieron papas fritas. Multiplica: $17.50 × 2. Primero convierte el decimal en un número entero y multiplica: 1750 × 2 = 3500. Después, en el número decimal, cuenta el número de espacios a la derecha del punto decimal. En el número 17.50 hay dos espacios a la derecha del punto decimal. Recorre el punto decimal dos espacios a la izquierda en la respuesta para obtener $35.00. La orden total de papas fritas cuesta $35.00. Suma esta cantidad a las órdenes totales de los otros alimentos para obtener el costo de toda tu orden.

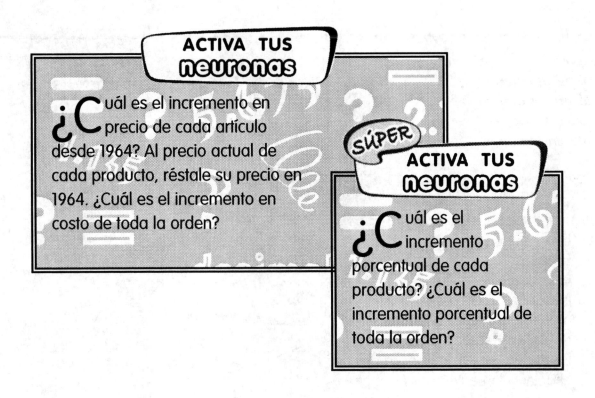

ACTIVA TUS neuronas

¿Cuál es el incremento en precio de cada artículo desde 1964? Al precio actual de cada producto, réstale su precio en 1964. ¿Cuál es el incremento en costo de toda la orden?

SÚPER ACTIVA TUS neuronas

¿Cuál es el incremento porcentual de cada producto? ¿Cuál es el incremento porcentual de toda la orden?

Cambio de divisas

Aprende a multiplicar números enteros y decimales al tiempo que conviertes dinero de diferentes países.

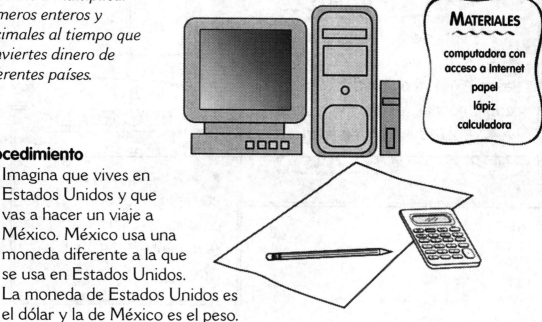

MATERIALES

computadora con acceso a Internet

papel

lápiz

calculadora

Procedimiento

1. Imagina que vives en Estados Unidos y que vas a hacer un viaje a México. México usa una moneda diferente a la que se usa en Estados Unidos. La moneda de Estados Unidos es el dólar y la de México es el peso.

2. Conéctate a Internet y visita el sitio www.xe.com. Allí encontrarás un convertidor de monedas que puede calcular el valor del dólar en otras monedas. ¿Cuál es el tipo de cambio del dólar a pesos mexicanos?

3. Multiplica los dólares por el tipo de cambio para determinar cuántos pesos mexicanos obtendrías por 1, 10, 20 y 100 dólares. Verifica tus cálculos con el convertidor de monedas.

4. Calcula el número de pesos que necesitarías para comprar los siguientes artículos en México (suponiendo que tuvieran el mismo precio). Usa una calculadora como ayuda para realizar tus cálculos.

Artículos	Precio en dólares	Tipo de cambio	Precio en pesos
Refresco de cola	$1		
Cuarto de hotel	$135 la noche		
Película	$4		
Chicle	$.50		
Renta de un auto	$300/semana		
Comida en un hotel	$18		

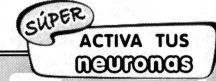

ACTIVA TUS neuronas

Haz una gráfica del tipo de cambio entre el dólar estadounidense y el yen japonés a lo largo de un periodo de un mes. ¿Qué observas?

SÚPER ACTIVA TUS neuronas

Los tipos de cambio varían todos los días. Deja pasar una semana y vuelve a entrar en www.xe.com para buscar el nuevo tipo de cambio entre el dólar estadounidense y el peso mexicano. Calcula el aumento o disminución porcentual desde la última vez que verificaste el tipo de cambio.

Para determinar el cambio porcentual, al nuevo tipo de cambio réstale el anterior. Divide esta diferencia entre el tipo de cambio original y multiplica el resultado por 100.

Ejemplo: el peso mexicano se cambiaba a 9 pesos por un dólar. Hoy se cambia a 10 pesos por dólar. Al nuevo tipo de cambio réstale el anterior: $10 - 9 = 1$. Divide esta diferencia (1) entre el tipo de cambio original (9). $1/9 = 0.11$. Para determinar el cambio porcentual, multiplica 0.11 por 100. $0.11 \times 100 = 11\%$ de cambio.

19

¡Descubre el código!

Para dividir un decimal entre otro decimal, convierte el divisor (el número entre el que estás dividiendo) en un número entero desplazando el punto decimal a la derecha. Después, desplaza el punto decimal del dividendo (el número que estás dividiendo) el mismo número de lugares a la derecha. Ahora divide los números de la manera en que acostumbras.

MATERIALES

lápiz
papel

EJEMPLO

¿Cuánto es 0.27 ÷ 0.003?

En los dos números, desplaza el punto decimal tres lugares a la derecha para hacer que la división se convierta en 270 ÷ 3.

La respuesta es 90.

¿Cuánto es 10 ÷ 0.02?

Convierte la división en 1000 entre 2.

La respuesta es 500.

Ahora aprende a leer mensajes secretos al tiempo que practicas la división de un decimal entre otro decimal.

Procedimiento

1. Resuelve la lista de divisiones que se muestra enseguida.

2. Asocia cada respuesta con la letra correcta de acuerdo con la tabla. Pon juntas las letras para leer el mensaje secreto.

O	G	M	D	I	C	A
1000	100	10	1	.1	.01	.001

	Número	Letra
1. $0.0002 \div 0.02$	_____	_____
2. $0.8 \div 0.0008$	_____	_____
3. $0.648 \div 0.648$	_____	_____
4. $0.017 \div 0.17$	_____	_____
5. $0.45 \div 0.0045$	_____	_____
6. $0.50 \div 0.0005$	_____	_____
7. $0.07 \div 0.007$	_____	_____
8. $0.0002 \div 0.2$	_____	_____
9. $0.54 \div 0.0054$	_____	_____
10. $0.087 \div 0.87$	_____	_____
11. $0.009 \div 0.9$	_____	_____
12. $0.13 \div 0.00013$	_____	_____

Ahora escribe las letras para leer el mensaje secreto:

__ __ __ __ __ __ __ __ __ __ __ __
1 2 3 4 5 6 7 8 9 10 11 12

Crea tu propio mensaje codificado. Elabora un código y crea divisiones con decimales que permitan descubrir la respuesta. Ve si tus amigos pueden leer tu mensaje secreto.

Trucos y secretitos

Para multiplicar un número por 10, mueve el punto decimal un espacio a la derecha.

Para multiplicar un número por 100, mueve el punto decimal dos espacios a la derecha.

Para dividir un número entre 10, mueve el punto decimal un espacio a la izquierda.

Para dividir un número entre 100, mueve el punto decimal dos espacios a la izquierda.

División en 15 segundos

Para dividir un número entero entre un decimal, tienes que cambiar tanto el dividendo como el divisor. Primero convierte el divisor en un número entero moviendo el punto decimal a la derecha el número de espacios necesarios. Cuenta el número de espacios que recorriste el punto decimal.

Ahora agrega el mismo número de ceros al final del dividendo y haz la división.

EJEMPLO

¿Cuánto es 27 ÷ 0.003? En el divisor (0.003), recorre el punto decimal tres espacios a la derecha para obtener el número entero 3. Agrega tres ceros al final del dividendo (27000). Ahora haz la división. Por lo que 27 entre 0.003 es 9000.

$$3\overline{)27{,}000} = 9{,}000$$

Para dividir un decimal entre un número entero, tan sólo haz la división. En el cociente, coloca un punto decimal en el sitio que está directamente arriba del punto decimal del dividendo. Agrega los ceros que sean necesarios.

$$0.0032 \div 4 =$$

$$4\overline{).0032}^{.0008}$$

$$0.0032 \div 4 = 0.0008$$

Ahora aprenderás una manera divertida de practicar la división con decimales y números enteros.

Preparación del juego

1. Escribe cada uno de los siguientes números decimales en una de las tarjetas:

0.5	0.25	0.0002
0.05	0.025	0.3
0.005	0.0025	0.04
0.0005	0.000025	0.006
0.1	0.2	0.0007
0.01	0.02	0.00008
0.001	0.002	0.000009
0.00001		

2. Copia el cuadro de puntuaciones de la página 57.

Reglas del juego

1. Baraja las tarjetas y colócalas boca abajo en el centro de la mesa.

2. El jugador 1 voltea la carta de encima y la coloca boca arriba en la mesa. El jugador 1 tira los dados.

3. El número de la tarjeta y el número tirado se usan para formar dos divisiones diferentes: 1) el número de la tarjeta dividido entre el número tirado y 2) el número tirado dividido entre el número de la tarjeta. Por ejemplo, si en la tarjeta se lee el número 0.04 y el número tirado con los dados es el 8, las dos divisiones son $0.04 \div 8$ y $8 \div 0.04$.

4. Con papel y lápiz, el jugador 1 resuelve las dos divisiones. En la ronda 1, el jugador 1 tiene 60 segundos para resolver las dos divisiones. El jugador 2 cuenta el tiempo y verifica las respuestas con una calculadora. El jugador 1 recibe un punto por cada respuesta correcta y un bono de un punto si las dos operaciones están resueltas de manera correcta. Los puntos se anotan en el cuadro de puntuaciones.

5. El jugador 2 voltea la siguiente tarjeta y tira los dados. El jugador 2 tiene 60 segundos para resolver las dos divisiones creadas con estos dos números. El jugador 1 toma el tiempo y verifica las respuestas del jugador 2. Los puntos se anotan en el cuadro de puntuaciones.

6. Se juegan tres rondas más. Durante cada ronda, los jugadores tienen menos tiempo para resolver las divisiones. En la segunda ronda los jugadores tienen 45 segundos, en la tercera ronda tienen 30 segundos y en la cuarta tienen 15 segundos.

7. El jugador que haga más puntos después de cuatro rondas gana el juego.

CUADRO DE PUNTUACIONES

	Jugador 1	Jugador 2
Puntaje de la ronda 1 (60 segundos)		
Puntaje de la ronda 2 (45 segundos)		
Puntaje de la ronda 3 (30 segundos)		
Puntaje de la ronda 4 (15 segundos)		
Puntaje total		

Cántaros de cambio

Aquí tienes otra manera de dividir un decimal entre un número entero.

Reglas del juego

1. El jugador 1 toma un puño de monedas del recipiente, las cuenta y escribe el total en una hoja de papel.

2. El jugador 1 tira el dado y coloca en la mesa el número de tazas que indique el número tirado.

3. El jugador 1 debe dividir las monedas entre las tazas seleccionadas. Si es necesario, el jugador 1 puede usar el recipiente de monedas para cambiar las monedas por otras de menor denominación. Por ejemplo, imagina que el jugador 1 toma un puñado de cambio que suma $1.80. Después, tira un 3 con el dado. Necesita determinar cómo dividir $1.80 entre tres tazas de manera exacta. El jugador necesita poner monedas que sumen 60 centavos en cada taza.

4. Cuando el jugador 1 termina, cuenta el cambio de una de las tazas. El jugador 2 verifica si el jugador 1 hizo dividió correctamente la cantidad total de cambio entre el número tirado. Si el jugador 1 hizo la división correctamente, este cociente es su puntaje. Si hizo mal la división, no gana puntos.

5. Ahora le toca su turno al jugador 2 y se repite el proceso. El jugador 1 verifica el trabajo del jugador 2.

6. El primer jugador que haga 300 puntos gana el juego.

Observa las tendencias

Busca patrones de comportamiento al dividir números enteros entre decimales.

Procedimiento

1. Completa estas divisiones para ver qué sucede cuando divides el número 10 entre 10, 1, .1, 0.01, 0.001, 0.0001 y 0.00001.

   $10 \div 10$

   $10 \div 1$

   $10 \div 0.1$

   $10 \div 0.01$

   $10 \div 0.001$

   $10 \div 0.0001$

   $10 \div 0.00001$

¿Qué observas en las respuestas? En las siete divisiones, el dividendo es el mismo: 10. En cada división consecutiva, el divisor disminuye de 10 a 1 a .1 a 0.01 a 0.001 a 0.0001 a 0.00001. Observa que a medida que el divisor disminuye en un factor de 10, el cociente aumenta en un factor de 10 de 1 a 10 a 100 a 1000 a 10000 a 100000 a 1000000.

2. En el papel cuadriculado, haz una gráfica que muestre los divisores y los cocientes de cada división. ¿Qué observas?

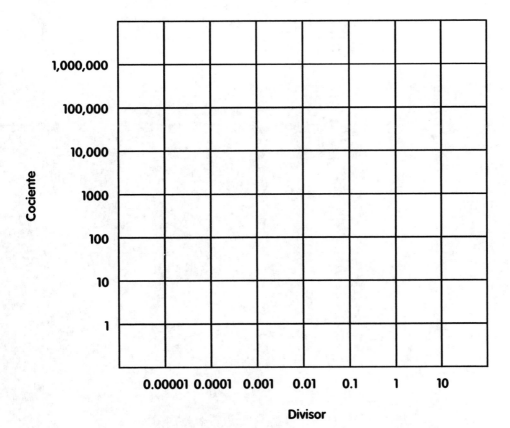

3. Resuelve y grafica las siguientes divisiones. ¿Qué observas?

$2 \div 5 =$

$2 \div 0.5 =$

$2 \div 0.05 =$

$2 \div 0.005 =$

$2 \div 0.0005 =$

$2 \div 0.00005 =$

$$\sim\sim\quad V \quad\sim\sim$$

GENERALIDADES DE LOS PORCENTAJES

La palabra *porcentaje* significa una parte de un ciento, o dividido entre 100, y en esta sección aprenderás todo acerca de los porcentajes. Aprenderás qué son los porcentajes, cómo estimar un porcentaje, y cómo convertir porcentajes en decimales y fracciones, y viceversa. Además, aprenderás a resolver cuatro tipos de problemas con porcentajes: 1) encontrar un porcentaje desconocido, 2) sacar el porcentaje de un número, 3) encontrar la base desconocida, y 4) calcular el porcentaje de aumento o disminución.

Al tiempo que aprendes todo acerca de los porcentajes, te divertirás creando ilusiones ópticas, diseñando una rueda de conversiones que te ayudará a convertir porcentajes en fracciones y decimales, determinando cuánto jugo hay realmente en una bebida de fruta y descubriendo qué porcentaje de los caramelos de colores de una bolsa son rojos.

Cuadrículas de porcentajes

¿Qué es exactamente un porcentaje? Realiza esta actividad para que te hagas una idea de cómo se ven los porcentajes.

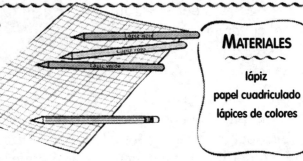

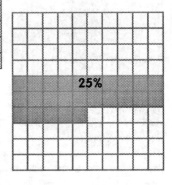

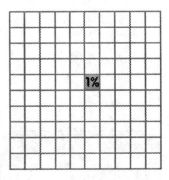

MATERIALES

lápiz
papel cuadriculado
lápices de colores

Procedimiento

1. En una hoja de papel cuadriculado, dibuja seis cuadrados de diez cuadros de largo por diez cuadros de ancho. Cada uno de los cuadrados grandes contiene 100 cuadritos. Cada uno de estos cuadritos representa 1 por ciento del cuadrado grande.

2. En el primer cuadrado grande, sombrea un cuadrito. Escribe "1%" en el área sombreada. Este cuadrito es 1% del área total del cuadrado grande ($^1/_{100}$).

3. En el segundo cuadrado grande, sombrea 10 cuadritos en hilera. Escribe "10%" en el área sombreada. Este grupo de cuadritos es 10% del área total del cuadrado grande ($^{10}/_{100}$, cuya expresión simplificada es $^1/_{10}$).

4. En el tercer cuadrado grande, sombrea 25 cuadritos. Escribe "25%" en el área sombreada. Esta área es 25% del área total del cuadrado grande ($^{25}/_{100}$, cuya expresión simplificada es $^1/_4$).

5. En el cuarto cuadrado grande, sombrea 50 cuadritos. Escribe "50%" en el área sombreada. Esta área es 50% del total del cuadrado grande ($^{50}/_{100}$, cuya expresión simplificada es $^1/_2$).

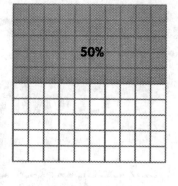

6. En el quinto cuadrado grande, sombrea 75 cuadritos. Escribe "75%" en el área sombreada. Esta área es 75% del área total del cuadrado grande ($^{75}/_{100}$, cuya expresión simplificada es $^3/_4$).

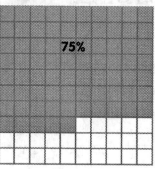

7. En el último cuadrado, sombrea 99 cuadritos. Escribe "99%" en el área sombreada. Esta área es 99% del área total del cuadrado grande ($^{99}/_{100}$).

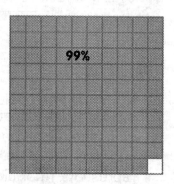

ACTIVA TUS neuronas

1. En una segunda hoja de papel cuadriculado, dibuja un conjunto de cinco cuadrados de 10 por 10 cuadros.

2. Sombrea 25 cuadritos de cada uno de estos cuadrados grandes, pero hazlo de manera que en cada uno sombrees cuadritos *diferentes*. Trata de crear diseños que se vean muy diferentes uno del otro. Con lápices de colores, colorea estos dibujos y haz diseños diferentes.

3. Pregúntale a un amigo cuál de los cuadrados tiene más cuadritos sombreados. ¿Pudiste confundirlo?

24

El juego de las adivinanzas

Puedes estimar porcentajes con tan sólo observar el numerador y el denominador de una fracción. Si el numerador es mayor que la mitad del denominador, la fracción es mayor que 50%. En caso contrario, la fracción es menor que 50%.

Para convertir una fracción en porcentaje, primero cambia la fracción a decimal dividiendo el numerador entre el denominador. Después multiplica la respuesta por 100.

EJEMPLO

Convierte ¹/₄ en porcentaje. Primero convierte ¹/₄ en decimal: ¹/₄ = 0.25. Multiplica la respuesta por 100: 100 × 0.25 = 25%.

Practica la estimación de porcentajes y la conversión de fracciones en porcentajes.

Preparación del juego

Escribe cada uno de los siguientes productos alimenticios en una tarjeta:

Papas a la francesa (100 por paquete)
Refrescos (6 por paquete)

Mantecadas (2 por paquete)
Donas (12 por paquete)
Jugos (10 por paquete)
Caramelos de colores (50 por paquete)
Papas fritas (100 por bolsa)
Huevos (12 por paquete)
Sándwiches de helado (6 por caja)
Pizza (8 rebanadas por pieza)
Pastel de chocolate (8 rebanadas por pieza)
Dulces (2 piezas por paquete)

Reglas del juego

1. Reparte cinco tarjetas a cada jugador. Un jugador puede ver sus propias tarjetas pero no puede enseñarlas al otro jugador.

2. Un jugador tira el dado. El número que caiga indica la cantidad que un jugador puede elegir de uno de los productos alimenticios. Por ejemplo, si tira un 2, puede escoger 2 huevos, 2 mantecadas, 2 papitas fritas, etc.

3. Una vez que haya caído un número, cada jugador elige una tarjeta de su mano y la coloca sobre la mesa. Cada uno de los jugadores debe intentar estimar cuál de los productos creará el porcentaje más alto al combinarlo con ese número.

Por ejemplo, si cae un 3 y el jugador elige la tarjeta de los huevos, 3 de 12 huevos es $^3/_{12}$, o 25%. Si el jugador 2 elige los sándwiches de helado, 3 de 6 sándwiches de helado son $^3/_6$, o 50%, por lo que el jugador 2 gana las dos tarjetas. (*Nota:* ninguna de las tarjetas tiene un valor superior a 100%. Por ejemplo, si cae un 3 y el jugador escoge la tarjeta de las mantecadas (2), el puntaje sigue siendo 100%).

Después de cada ronda, se calculan los porcentajes exactos para determinar quién es el ganador.

ACTIVA TUS neuronas

Elabora otras cinco tarjetas de productos alimenticios y agrégalas al montón. Reparte siete cartas a cada jugador, tira dos dados y juega otra vez.

4. El dado se tira otra vez y los jugadores eligen una segunda tarjeta de su mano.

5. El juego termina cuando se hayan jugado las cinco tarjetas. El jugador que gane más pares de tarjetas es el ganador.

25

Revueltos

Para convertir un porcentaje a decimal, todo lo que necesitas hacer es recorrer el punto decimal dos lugares a la izquierda.

> 88% se convierte en .88
> 5% se convierte en .05
> 120% se convierte en 1.2

Para convertir un decimal en porcentaje, sólo recorre el punto decimal dos lugares a la derecha.

> .03 se convierte en 3%
> .6 se convierte en 60%
> 5 se convierte en 500%

Con este juego, practica la conversión de decimales a porcentajes y viceversa.

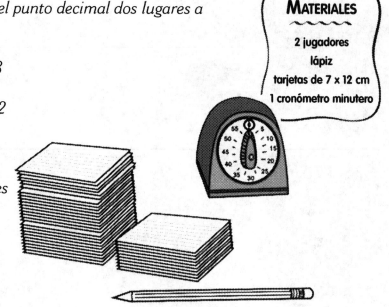

MATERIALES

2 jugadores
lápiz
tarjetas de 7 x 12 cm
1 cronómetro minutero

Preparación del juego

Escribe cada uno de los siguientes decimales y porcentajes en una tarjeta:

0.001, 0.005, 0.01, 0.05, 0.10, 0.15, 0.2, 0.25, 0.45, 0.5, 0.55, 0.6, 0.75, 0.9, 1, 2, 2.5, 5, 1%, 5%, 10%, .1%, .5%, 1%, 5%, 15%, 20%, 25%, 45%, 55%, 60%, 75%, 90%, 100%, 200%, 250%

Reglas de juego

1. Baraja las tarjetas y colócalas boca abajo en la mesa.

2. El jugador I pone a funcionar el cronómetro. Los dos jugadores toman dos tarjetas de la pila y las colocan boca arriba en la mesa.

3. Los dos jugadores tienen un minuto para colocar sus dos tarjetas en orden de menor a mayor. Si las dos tarjetas tienen el mismo valor, los jugadores deben colocarlas una encima de la otra. Si los dos jugadores aciertan, el juego continúa. Pero si uno de los jugadores falla, pierde el juego.

4. Después, los dos jugadores voltean tres tarjetas de la pila y tratan de ordenarlas de menor a mayor en un minuto. Si uno de los jugadores falla, pierde el juego.

5. El juego continúa, y en cada ronda sucesiva el número de tarjetas por ordenar de menor a mayor aumenta en uno. El ganador es el jugador que pueda ordenar la fila más larga de tarjetas. (Si se agotan las tarjetas, barájalas y colócalas otra vez en la pila).

ACTIVA TUS neuronas

Escribe cada una de las siguientes fracciones en una tarjeta y agrégalas a la pila de tarjetas por ordenar.

$\frac{1}{4}$, $\frac{1}{10}$, $\frac{1}{5}$, $\frac{1}{8}$, $\frac{1}{3}$, $\frac{2}{5}$, $\frac{3}{4}$, $\frac{4}{5}$, $\frac{7}{10}$, $\frac{1}{2}$, $\frac{3}{5}$, $\frac{3}{10}$

26

La rueda de las conversiones

Crea una rueda de las conversiones para convertir
porcentajes en fracciones y decimales.

MATERIALES

compás

lápiz

cartulina

tijeras

regla

clip

broche de dos patitas

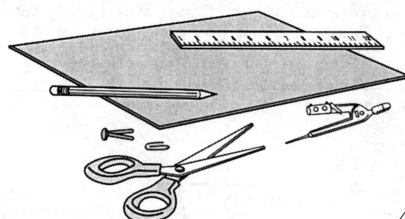

Procedimiento

1. Con el compás, dibuja en la cartulina un
círculo de 30 cm (12 pulgadas) de diámetro
(el diámetro es la distancia que atraviesa el
círculo de lado a lado) y otro círculo de 25
cm (10 pulgadas) de diámetro.

2. Recorta los dos círculos.

3. En el círculo de 25 cm, recorta una ventanita
cuadrada de 2.5 cm (1 pulgada) cerca del
borde exterior del círculo.

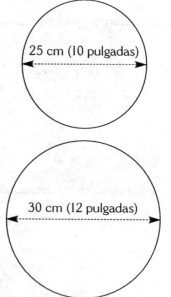

25 cm (10 pulgadas)

30 cm (12 pulgadas)

4. Escribe "Rueda de las conversiones" en el círculo pequeño.

5. Mide otra vez el diámetro del círculo pequeño. En la marca central, dibuja un punto con el lápiz.

6. Toma el clip y endereza uno de los extremos. Con el extremo del clip, haz un agujero que atraviese el círculo en el punto.

7. Divide el círculo grande en 8 secciones aproximadamente iguales dibujando cuatro líneas que atraviesen el centro del círculo.

8. Nuevamente, con el extremo del clip, haz un agujero en el centro del círculo grande en el punto donde todas las líneas se unen.

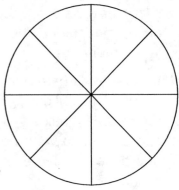

9. Usando las líneas como guías, escribe los siguientes porcentajes en el borde exterior del círculo grande: 12.5%, 25%, 37.5%, 50%, 62.5%, 75%, 87.5%, 100%.

10. Coloca el centro del círculo pequeño encima del centro del círculo grande. Mueve la ventanita hasta que quede a la misma altura de la marca de 12.5%. Dibuja de manera tenue el contorno de la ventanita. Mueve la ventanita a la altura de la marca de 25%. Vuelve a dibujar de manera tenue el contorno de la ventanita. Haz lo mismo para cada uno de los porcentajes.

11. Quita el círculo pequeño. Escribe la igualdad $1/8 = 0.125$ dentro de la ventanita que dibujaste junto al 12.5%. Ahora escribe las siguientes igualdades junto a cada uno de los porcentaje restantes:

$1/4 = 0.250 = 25\%$

$3/8 = 0.375 = 37.5\%$

$1/2 = 0.5 = 50\%$

$5/8 = 0.625 = 62.5\%$

$6/8 = 0.75 = 75\%$

$7/8 = 0.875 = 87.5\%$

$8/8 = 1.0 = 100\%$

12. Coloca el círculo pequeño encima del círculo grande. Usa el broche de dos patitas para unir los dos círculos por el centro.

13. Haz girar la rueda. El porcentaje del borde de la rueda es igual a la fracción y al decimal que hay dentro de la ventanita.

14. Usa la rueda para poner a prueba tu habilidad. ¿Puedes recordar la igualdad que debe aparecer en la ventana para cada uno de los porcentajes de la rueda?

Dulces mágicos de colores

Para convertir una fracción en porcentaje, divide el numerador entre el denominador y multiplica el resultado por 100. Juega a convertir fracciones en porcentajes mientras calculas qué porcentaje de una bolsita de lunetas corresponde a las lunetas rojas y qué porcentaje corresponde a los demás colores.

MATERIALES

2 bolsitas de lunetas
lápiz
papel
calculadora

Procedimiento

1. Abre una bolsita de lunetas. Clasifícalas por colores:

¿Cuántas lunetas rojas hay?

¿Cuántas lunetas anaranjadas hay?

¿Cuántas lunetas amarillas hay?

¿Cuántas lunetas azules hay?

¿Cuántas lunetas verdes hay?

¿Cuántas lunetas cafés hay?

¿Cuántas lunetas hay en total?

Escribe tus respuestas en una hoja de papel.

2. Divide el número de lunetas rojas entre el número total de lunetas. Tu respuesta debe ser un decimal. Multiplica esta respuesta por 100 para encontrar el porcentaje de lunetas rojas.

Por ejemplo, si contaste 22 lunetas rojas de un total de 55 lunetas, debes dividir 22 entre 55 y obtener como resultado 0.40. Multiplica 0.40 por 100 para determinar que 40% de las lunetas de la bolsita son rojas.

3. Después divide el número de lunetas anaranjadas entre el número total de lunetas. Multiplica esta respuesta por 100 para encontrar el porcentaje de lunetas anaranjadas.

4. Repite estos pasos para cada color de las lunetas.

5. Ahora cómete todas las lunetas rojas. ¿Cuántas lunetas quedaron?

¿Qué porcentaje de las lunetas son anaranjadas? (Divide el número de lunetas anaranjadas entre el nuevo número total de lunetas.)

¿Qué porcentaje de las lunetas son amarillas?

¿Qué porcentaje de las lunetas son azules?

¿Qué porcentaje de las lunetas son verdes?

¿Qué porcentaje de las lunetas son cafés?

6. Ahora cómete todas las lunetas anaranjadas. ¿Cuántas lunetas quedan?

¿Qué porcentaje de las lunetas son amarillas? (Recuerda, divide el número de lunetas anaranjadas entre el *nuevo* número total de lunetas?

¿Qué porcentaje de las lunetas son azules?

¿Qué porcentaje de las lunetas son verdes?

¿Qué porcentaje de las lunetas son cafés?

7. Ahora cómete todas las lunetas amarillas. ¿Cuántas lunetas quedan?

¿Qué porcentaje de las lunetas son azules?

¿Qué porcentaje de las lunetas son verdes?

¿Qué porcentaje de las lunetas son cafés?

8. Ahora cómete todas las lunetas azules. ¿Cuántas lunetas quedan?

¿Qué porcentaje de las lunetas son verdes?

¿Qué porcentaje de las lunetas son cafés?

9. Ahora cómete todas las lunetas verdes. Sólo quedan lunetas cafés. ¿Cuántas lunetas cafés quedan? ¿Qué porcentaje de las lunetas son cafés?

10. Con una calculadora, verifica tus resultados.

11. Abre la otra bolsita de lunetas. Clasifícalas y cuéntalas.

> ¿De qué manera difieren con respecto a las lunetas de tu primera bolsita?
>
> ¿Hay el mismo número de lunetas en cada bolsita?
>
> ¿Hay el mismo número de lunetas de cada color?

Para comparar las dos bolsitas de lunetas, haz un cuadro como el que se muestra enseguida.

NÚMERO DE LUNETAS EN CADA UNA DE LAS DOS BOLSAS

	Bolsa 1	Bolsa 2
Rojas		
Anaranjadas		
Amarillas		
Azules		
Verdes		
Cafés		
Total		

12. Ahora que conoces el número de cada color, puedes calcular el porcentaje de cada color de lunetas. Sólo mediante el cálculo de los porcentajes podrás comparar con exactitud las dos bolsitas. Recuerda calcular el porcentaje de cada color dividiendo el número de dulces de ese color entre el número total de lunetas para después multiplicar la respuesta por 100. Registra las respuestas en una tabla como la que se muestra enseguida.

Ahora que has comparado las dos bolsitas de lunetas, ¿qué conclusiones puedes obtener? ¿Hay un color que predomine en las dos bolsitas? ¿Cuánto varían los porcentajes de cada color de una bolsita a otra?

PORCENTAJE DE LUNETAS DE COLORES EN CADA UNA DE LAS DOS BOLSAS

	Bolsa 1	Bolsa 2
Rojas		
Anaranjadas		
Amarillas		
Verdes		
Azules		
Cafés		

ACTIVA TUS
neuronas

Usa una gráfica circular para mostrar los porcentajes de los colores de las lunetas de una bolsita. Colorea la gráfica con el color correspondiente de las lunetas.

Etiquetas jugosas

Cuando compres jugos, tienes que leer con mucho cuidado las etiquetas. Aquellas que se conocen como "bebidas de frutas" o "bebidas refrescantes" no tienen que ser 100% jugo. Al contrario, muchas de estas bebidas son en su mayor parte agua y azúcar. Explora el mundo de las bebidas de frutas y practica cómo encontrar el porcentaje de un número entero.

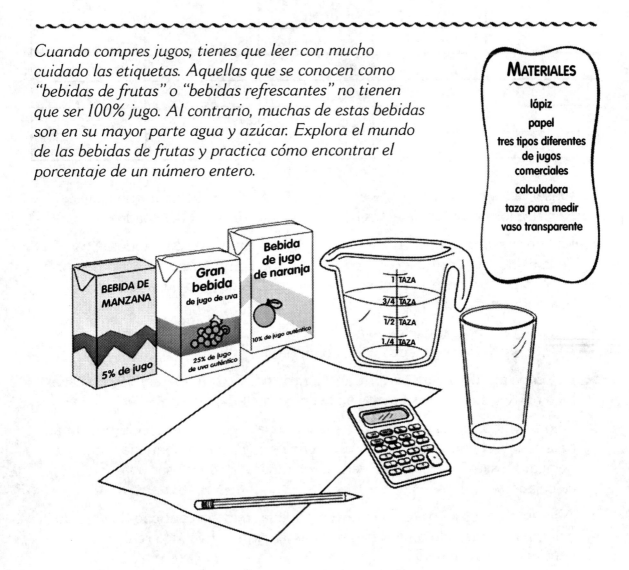

MATERIALES

lápiz
papel
tres tipos diferentes de jugos comerciales
calculadora
taza para medir
vaso transparente

BEBIDA DE MANZANA

5% de jugo

Gran bebida de jugo de uva

25% de jugo de uva auténtico

Bebida de jugo de naranja

10% de jugo auténtico

1 TAZA
3/4 TAZA
1/2 TAZA
1/4 TAZA

Procedimiento

1. En una hoja de papel, copia el siguiente cuadro.

1 Nombre del jugo	2 Porcentaje de jugo	3 Porcentaje de jugo expresado en decimal	4 Mililitros en cada bebida	5 Mililitros de jugo

2. Observa las botellas y/o empaques de cartón de las bebidas que elegiste. Registra los nombres de estas bebidas en la columna 1 del cuadro.

3. Lee en la etiqueta cuánto jugo contiene cada botella o empaque de cartón de la bebida. El contenido de jugo se escribe como porcentaje. Por ejemplo, un jugo de naranja podría decir "Contiene 12% de jugo". Registra tus resultados en la columna 2 del cuadro.

4. Convierte el porcentaje de jugo en decimal dividiendo el porcentaje entre 100. Registra los resultados en la columna 3.

5. Lee cada etiqueta para encontrar cuántos mililitros (u onzas) hay en cada juguito. Registra los resultados en la columna 4 del cuadro.

6. Ahora multiplica los resultados de la columna 3 por los de la columna 4 para determinar el número de *mililitros (u onzas) de jugo* que contiene cada bebida. Registra los resultados en la columna 5. Puedes usar una calculadora.

7. Abre uno de los jugos. Con la tasa graduada, mide la cantidad de jugo de la columna 5 y viértelo en el vaso. Ésta es la cantidad de jugo real que contiene toda la bebida.

O bserva la etiqueta del empaque de cartón o de la botella del jugo para ver cuántas calorías contiene en total. Ahora calcula cuántas calorías hay en el jugo que vertiste en el vaso.

El sabueso de los precios

¿Cómo puedes determinar cuánto dinero pagó alguien por un artículo que está en oferta si conoces la cantidad ahorrada y el porcentaje ahorrado?

Para encontrar el precio original de un artículo, divide la cantidad ahorrada por el porcentaje de ahorro. Convierte el porcentaje a decimal antes de dividir.

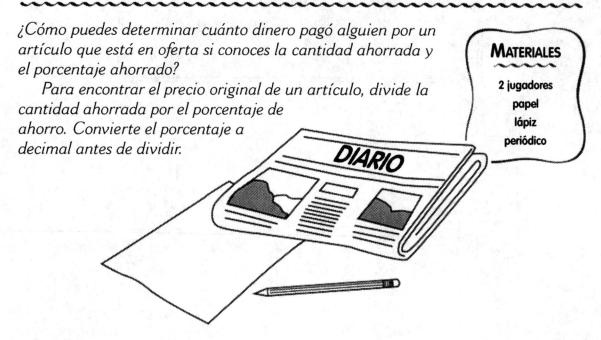

EJEMPLO

Si un aparato estereofónico tiene un descuento de $20, o 10%, ¿cuál es el precio original del aparato?

$$\$20 \div 10\% = \$20 \div 0.10 = \$200$$

El precio original era de $200.

Para encontrar el precio de venta, resta el ahorro al precio original.

$$\$200 - \$20 = \$180$$

El precio de venta es de $180.

Preparación del juego

Cada jugador escribe el siguiente problema en una hoja de papel.

Yo compré un_____.

Tenía un descuento de_____%.

Ahorré $_____.

¿Cuánto costaba originalmente el artículo?

¿Cuál fue el precio de venta del artículo?

Reglas del juego

1. Los jugadores buscan en el periódico un anuncio que muestre varios artículos a la venta. Cada jugador llena los espacios vacíos del problema anterior con la información del anuncio. (Tal vez tengas que calcular la cantidad del ahorro si el anuncio sólo proporciona un porcentaje y el precio de venta.)

2. Los dos jugadores intercambian problemas y los resuelven. El jugador que sea el primero en resolver el problema es el ganador.

VI

LOS PORCENTAJES EN LA VIDA DIARIA

Los porcentajes son uno de los conceptos matemáticos más útiles que se puedan aprender. En esta sección, darás un buen uso a tu conocimiento acerca de los porcentajes. Aprenderás cómo calcular el porcentaje de impuesto de una compra, y cómo crear un cuadro de propinas para que sepas cuánto dejar de propina en un restaurante. Además, aprenderás cómo funcionan los intereses en una cuenta bancaria, y determinarás cuál es la probabilidad de tirar cierto número con dos dados.

85

30

De un estado a otro

Varios artículos pagan un impuesto sobre las ventas en muchas entidades federativas de Estados Unidos. Cada estado tiene una tasa de impuestos diferente, la cual se expresa como un porcentaje. En esta actividad usarás la Internet para encontrar el monto del impuesto sobre las ventas en los diferentes estados y después calcularás cuánto costarían los mismos artículos, incluyendo impuestos, en diferentes estados. Para hacer las cosas todavía mas complicadas, algunas ciudades agregan un impuesto local sobre las ventas además del impuesto estatal sobre las ventas.

MATERIALES

computadora con acceso a Internet

lápiz

papel

Procedimiento

1. Conéctate a Internet y entra en la página http://thestc.com/STrates.stm.

2. En la página verás un mapa de Estados Unidos y una tabla con los impuestos estatales y locales (ciudades y/o condados) sobre las ventas de los 54 estados. Por ejemplo, en la tabla puedes ver que Arizona cobra un impuesto estatal sobre las ventas de 5.6% e impuestos locales combinados por el mismo concepto de 7.65% en promedio. Ahora imprime la página para consultar los datos.

3. Seis estados no tienen impuestos sobre las ventas. ¿Cuáles son?

4. Mississippi, Rhode Island y Tennessee tienen los impuestos sobre las ventas más altos de Estados Unidos. ¿Cuál es el porcentaje del impuesto sobre las ventas en estos estados?

5. ¿Cuál es el promedio de los impuestos estatales sobre las ventas en Estados Unidos? (*Pista:* suma los impuestos sobre las ventas de los 54 estados y divide el resultado entre 54.)

6. Si compraras los siguientes artículos en los siguientes estados, ¿qué cantidad de impuesto estatal tendrías que pagar? (*Sugerencia:* convierte la tasa del impuesto a decimal y multiplícalo por el precio del artículo.)

	Refresco $1 dólar	Pantalones vaqueros $35 dólares	Televisión $500 dólares
Alaska			
Hawai			
Illinois			
Nueva York			
Rhode Island			

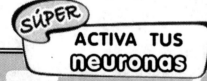

ACTIVA TUS neuronas

Busca en Internet si hay impuesto sobre las ventas en otros países. Escoge tres países y realiza una investigación mediante un buscador.

SÚPER ACTIVA TUS neuronas

En el estado de Nueva York se cobran diferentes impuestos sobre las ventas según la ciudad de que se trate. ¿Qué impuesto pagarías por la compra de un aparato estereofónico de 300 dólares en Albany, Nueva York; Búfalo, Nueva York; y Nueva York, Nueva York? Busca en Internet los datos que necesites para responder esta pregunta.

Su propina, joven

Usa tus conocimientos del cálculo de porcentajes de números enteros para elaborar un cuadro de propinas. Lleva tu cuadro a un restaurante para que puedas decirle a tus padres qué propina deben dejarle al mesero.

Procedimiento

1. Copia el siguiente cuadro en la tarjeta.

Costo de los alimentos	Servicio regular (Propina de 10%)	Servicio bueno (Propina de 15%)	Servicio excelente (Propina de 20%)
$5	$0.50	$0.75	$1.00
$10	$1.00	$1.50	
$15			
$20		$3.00	
$25	$2.50		$5.00
$30			
$35		$5.25	
$40		$6.00	

2. Llena los espacios vacíos siguiendo las instrucciones de la sección Trucos y secretitos.

3. Para usar tu cuadro de propinas, encuentra el precio total de los alimentos en la columna de la izquierda. Redondea el precio al múltiplo de 5 más próximo. Si la cuenta fue de $28.50, redondéala a $30 y encuentra la propina correcta para esa cantidad. Si el servicio fue regular deja una propina de 10%; si el servicio fue bueno, deja 15% de propina, y si el servicio fue excelente, deja una propina de 20%. Lleva contigo tu cuadro de propinas. La próxima vez que vayas con tu familia a un restaurante, úsalo para calcular la propina que habrán de dejarle al mesero.

𝒯rucos y secretitos

Para calcular una propina de 10% para una cuenta específica, primero cambia 10% a decimal (0.10), después multiplica 0.10 por el monto de la cuenta.

Ejemplo

¿A cuánto asciende una propina de 10% para una cuenta de $16?

$$0.10 \times 16 = \$1.60$$

Para calcular una propina de 15% para una cuenta específica, primero cambia 15% a decimal (0.15), después multiplica 0.15 por la cantidad de la cuenta.

Ejemplo

¿A cuánto asciende una propina de 15% para una cuenta de $16?

$$0.15 \times 16 = \$2.40$$

Para calcular una propina de 20% para una cuenta específica, primero cambia 20% a decimal (0.20), después multiplica 0.20 por la cantidad de la cuenta.

Ejemplo

¿A cuánto asciende una propina de 20% para una cuenta de $16?

$$0.20 \times 16 = \$3.20$$

Consigue un menú de comida para llevar y pídele a tu familia que hagan un pedido hipotético de lo que más les guste. Suma el costo de los alimentos elegidos por tu familia. Redondea la cantidad a los $5 más próximos y busca en tu cuadro cuál sería la propina, o calcúlala tú mismo, suponiendo que el servicio fue excelente.

decimales

¿Interés en el dinero?

Si depositas tu dinero en una c
el banco te paga un porcentaje
mientras mantengas tu dinero
en la cuenta. El dinero que te
paga el banco es el interés y el
porcentaje es la tasa de
interés. Mientras más dinero
deposites, ganarás más
interés. Hay dos tipos básicos
de interés: simple y
compuesto. Con el interés
simple, sólo ganas intereses sol
inicial. Con el interés compues
intereses sobre tu inversión inic
más intereses sobre el interés
previo ganado. Con esta activi
aprenderás a calcular el interé.
bancario, que siempre se expresa como un
porcentaje.

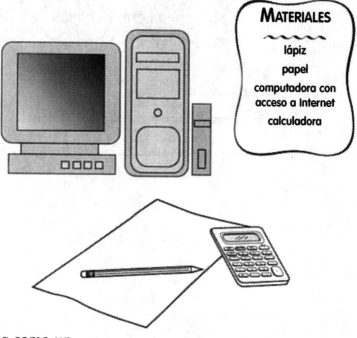

MATERIALES

lápiz
papel
computadora con
acceso a Internet
calculadora

Procedimiento

1. Copia el cuadro de la página 93 en una hoja de papel.

2. Supón que tu cuenta gana 5% de interés simple anual. Con la calculadora, determina el interés ganado en un año sobre una inversión inicial de $100 multiplicando $0.05 \times \$100$. El resultado es $5. Ganarías $5 por año de interés simple. Cada año, tu inversión se incrementaría en $5. Así, después de un año tu inversión sería de $105 y después de 10 años sería de $150.

Plazo	Interés simple (5%)	Interés compuesto (5%)	Interés simple (10%)	Interés compuesto (10%)
Cantidad inicial	$100	$100	$100	$100
$^1/_2$ año				
1 año	$105		$110	
2 años				
3 años				
4 años				
5 años				
10 años	$150		$200	
20 años				
100 años				

Calcula a cuánto ascendería tu inversión después de medio año y hasta 100 años después. Llena la segunda columna del cuadro.

3. Ahora supón que tu cuenta gana 10% de interés simple anual. Calcula el interés ganado en un año sobre una inversión inicial de $100 multiplicando $0.1 \times \$100$. El resultado es $10. Ganarías $10 por año de interés simple. Cada año tu inversión aumentaría en $10. Así, después de un año, tu inversión tendría un valor de $110 y después de 10 años tendría un valor de $200. Llena la cuarta columna de la tabla.

4. Ahora supón que tu cuenta gana 5% de interés compuesto anual. Para calcular cuánto ganaría tu inversión inicial de $100 con esta tasa, usaremos una calculadora de interés compuesto de Internet. Conéctate a Internet y entra en la página www.mathwizz.com. Haz clic en el enlace de la calculadora de interés compuesto.

5. Donde dice, *¿Cuánto deseas invertir? (How much do you want to invest?)*, escribe 100.

6. Donde dice, *Escribe la tasa de interés anual (Enter the annual interest rate)*, escribe 5.

7. Ahora escribe el plazo, *1 año (1 year)*.

8. Donde dice, *¿Con qué frecuencia quieres el interés compuesto? (How often do you want the interest compounded?)*, elige *diariamente (daily)*.

9. Haz clic en *Encuentra la cantidad total ahorrada (Find the total amount saved)*. La computadora hará los cálculos por ti. Registra los resultados en la tabla.

10. Completa la tercera columna en el cuadro escribiendo los diferentes plazos indicados.

11. En la calculadora de interés compuesto, cambia la tasa de interés anual a 10% y escribe los diferentes plazos señalados en el cuadro. Escribe los resultados en la quinta columna del cuadro.

12. ¿Cuánto dinero obtendrías de más después de 100 años con un interés compuesto de 5% en comparación con un interés simple de 5%? ¿Cuánto más ganarías con una tasa de interés compuesto de 10%?

ACTIVA TUS neuronas

¿Cuánto dinero ganarías si guardaras en el banco tus domingos de todo un año y no los sacaras hasta que cumplas 21 años? Para saberlo, sigue estos pasos:

1. ¿Cuánto te dan de domingo?

2. Si ahorras tus domingos de todo un año, ¿cuánto tendrías? (Multiplica tu domingo por 52.)

3. ¿Cuánto tiempo te falta para cumplir 21 años? (Réstale tu edad a 21.)

4. ¿Qué interés ofrece el banco de tu localidad en una cuenta de ahorros?

5. Ahora supón que depositas tus domingos de un año en el banco y que no tocas ese dinero hasta cumplir los 21 años. ¿Cuánto dinero tendrías? Usa la calculadora de interés compuesto para encontrar la respuesta.

La mejor oferta

Para encontrar el precio con descuento de un artículo, sigue estos tres pasos:

1. Convierte el descuento de porcentaje a decimal.

2. Multiplica el decimal por el precio del artículo para encontrar el monto en dinero del descuento.

3. Al precio original réstale el descuento y así sabrás cuál es el precio con descuento.

MATERIALES

periódico y/o computadora con acceso a Internet

lápiz

papel

EJEMPLO

Si el precio original es de $15 y el artículo tiene un descuento de 40%, ¿cuál es el precio con descuento del artículo?

Primero, convierte el porcentaje de descuento a decimal. 40% es 0.4

Segundo, multiplica el decimal por el precio original del artículo.

$0.4 \times \$15.00 = \$6.00$

Por último, al precio original réstale el descuento para encontrar el precio de venta con descuento.

$\$15.00 - \$6.00 = \$9.00$

Realiza esta actividad para descubrir si un porcentaje grande de descuento es siempre el mejor trato.

Procedimiento

1. Busca en el periódico, en Internet o en la publicidad de las tiendas anuncios de artículos idénticos con diferentes descuentos y escríbelos. Asegúrate de que los anuncios incluyan también el precio de venta original.

2. Determina el precio con descuento del artículo en cada tienda.

3. ¿Qué tienda te ofrece la mejor oferta? ¿Es siempre la tienda que ofrece el descuento más alto?

Vigila tu salud

Aplica tus conocimientos acerca de los porcentajes para determinar tu consumo diario de calorías, grasas y carbohidratos.

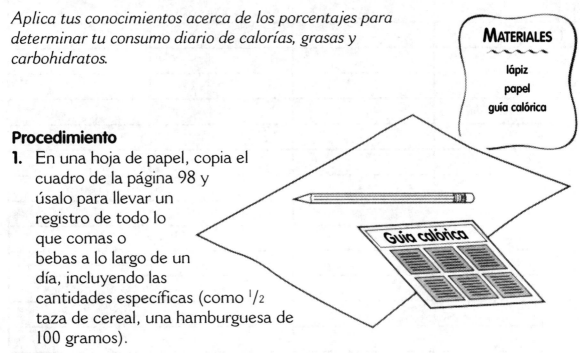

Procedimiento

1. En una hoja de papel, copia el cuadro de la página 98 y úsalo para llevar un registro de todo lo que comas o bebas a lo largo de un día, incluyendo las cantidades específicas (como $\frac{1}{2}$ taza de cereal, una hamburguesa de 100 gramos).

2. Busca el número de calorías, de gramos de grasa y de gramos de carbohidratos de cada uno de los alimentos que ingeriste. Registra los resultados en el cuadro. Puedes encontrar esta información en una tabla calórica de la biblioteca de tu escuela o en Internet.

3. Suma el número de calorías, de gramos de grasa y de gramos de carbohidratos que comiste a lo largo del día.

4. Cada gramo de grasa tiene 9 calorías y cada gramo de carbohidratos tiene 4 calorías. ¿Qué porcentaje de tus calorías diarias proviene de grasa? ¿Qué porcentaje de tus calorías diarias proviene de carbohidratos?

Alimento y cantidad	Calorías	Gramos de grasa	Gramos de carbohidratos
Desayuno			
Comida			
Cena			
Refrigerios			
Total			

El juego de las probabilidades

Cuando tiras un par de dados, ¿tienes la misma probabilidad de tirar cada número del 2 al 12? Realiza esta actividad para descubrirlo.

MATERIALES

lápiz
papel
2 dados
calculadora

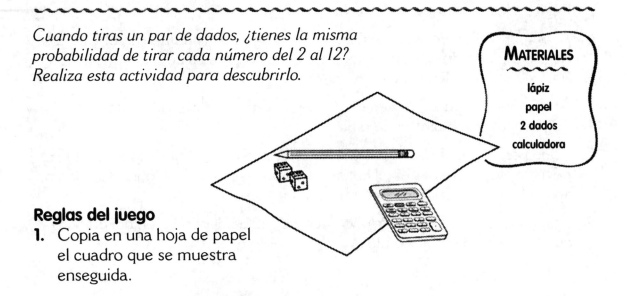

Reglas del juego

1. Copia en una hoja de papel el cuadro que se muestra enseguida.

	2	3	4	5	6	7	8	9	10	11	12
10 tiradas											
Porcentaje											
25 tiradas											
Porcentaje											
100 tiradas											
Porcentaje											
Formas de tirar los números											
Porcentaje											

2. Tira los dos dados. Suma los números que hayan caído y registra el resultado en el cuadro poniendo una diagonal [/] en la columna correcta.

3. Ahora tira el dado nueve veces más y registra los resultados en el cuadro.

4. Con la calculadora, determina el porcentaje de las veces que tiraste cada uno de los números del 2 al 12. Registra los resultados en el cuadro (Usa como ayuda la sección Trucos y secretitos.)

5. Ahora tira los dados 25 veces. ¿Cuántas veces tiraste cada número? Registra los resultados en la tabla.

6. ¿Qué porcentaje de las veces tiraste cada uno de los números del 2 al 12? Registra los resultados en el cuadro. Puedes usar la calculadora. (Usa como ayuda la sección Trucos y secretitos.)

7. Ahora tira los dados 100 veces. ¿Cuántas veces tiraste cada número? Registra los resultados en la tabla.

8. ¿Qué porcentaje de las veces tiraste cada uno de los números del 2 al 12? Registra los resultados en el cuadro. Puedes usar la calculadora. (Usa como ayuda la sección Trucos y secretitos.)

9. Compara tus resultados. ¿Hubo diferencias que dependieron del número de veces que tiraste los dados?

Consigue un dado rojo y un dado negro y úsalos para calcular cuántas formas diferentes hay de tirar cada uno de los números del 2 al 12. Aplica las siguientes sugerencias para que puedas comenzar.

Cuando tiras los dos dados, hay 36 tiradas diferentes posibles. ¿Cuáles son?

Sólo hay una manera de tirar un 2 con dos dados:

Un 1 con el dado rojo y un 1 con el dado negro

Sólo hay dos formas de tirar un 3 con dos dados:

Un 1 con el dado rojo y un 2 con el dado negro

Un 2 con el dado rojo y un 1 con el dado negro

Hay seis formas de tirar un 7 con dos dados:

Un 6 con el dado rojo y un 1 con el dado negro

Un 5 con el dado rojo y un 2 con el dado negro

Un 4 con el dado rojo y un 3 con el dado negro

Un 3 con el dado rojo y un 4 con el dado negro

Un 2 con el dado rojo y un 5 con el dado negro

Un 1 con el dado rojo y un 6 con el dado negro

¿Cuál es la probabilidad de tirar cada uno de los números?

(*Pista:* divide el número de formas de tirar un número entre 36.)

Cuando tiras los dados 10 veces, sólo tienes que multiplicar el número de veces que cae un número por 10 para encontrar el porcentaje de las veces que cayó cada número.

Ejemplo

Si tiraste el número 5 tres veces, entonces el 5 cayó el 30% de las veces: $3 \times 10 = 30$.

¿Por qué? Tiraste el mismo número en 3 de 10 veces, o sea $^3/_{10}$ o 0.3 de las veces. Multiplica 0.3×100 para obtener 30%.

Cuando tiras los dados 25 veces, sólo necesitas multiplicar el número de veces que cae un número por 4 para encontrar el porcentaje de veces que cayó cada numero.

Ejemplo

Si tiraste tres veces el número 5, entonces el 5 cayó el 12% de las veces: $3 \times 4 = 12$.

¿Por qué? Tiraste el mismo número en 3 de 25 veces, o sea $^3/_{25}$ o 0.12 de las veces. Multiplica 0.12×100 para obtener 12%.

Cuando tiras los dados 100 veces, el número de veces que tiras cada número es el mismo que el porcentaje de veces que tiraste cada número.

Ejemplo

Si tiraste tres veces el número 5, entonces el 5 cayó el 3% de las veces.

¿Por qué? Tiraste el mismo número en 3 de 100 veces, o sea $^3/_{100}$ o 0.03 de las veces. Multiplica 0.03×100 para obtener 3%.

Tiempo de comerciales

Calcula el porcentaje del tiempo de tu programa favorito de televisión que se dedica a los comerciales.

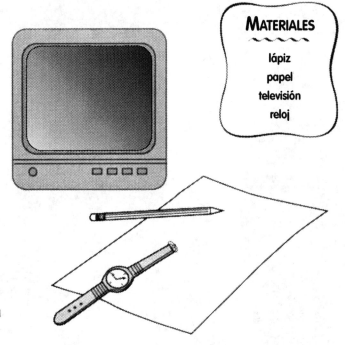

MATERIALES

lápiz
papel
televisión
reloj

Procedimiento

1. Ten a la mano lápiz y papel cuando comience tu programa de televisión favorito. Toma nota de la duración supuesta del programa, como 30 o 60 minutos.

2. Cada vez que comience un comercial, toma el tiempo qu dura.

3. Cuando termine el programa, suma el número total de minutos de comerciales.

4. Divide el número de minutos de comerciales entre la duración total del programa. Multiplica la respuesta por 100. El resultado es el porcentaje del tiempo que dura el programa que pasas viendo comerciales.

~~~ VII ~~~

¡APLICA TUS CONOCIMIENTOS!

Ahora que ya sabes todo acerca de las fracciones, decimales y porcentajes podrás realizar estas actividades de revisión para que afines tus habilidades. En esta sección puedes jugar al Repaso matemático, crear tus propios problemas loquísimos, resolver crucigramas y hacer historias matemáticas divertidas.

El repaso matemático

Juega con un amigo para hacer un repaso de tus conocimientos acerca de los decimales, fracciones y porcentajes.

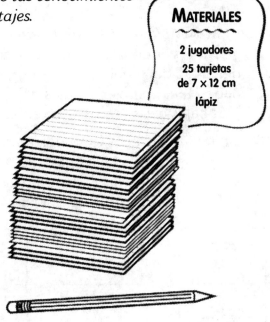

Preparación del juego

1. En la parte de atrás de cinco tarjetas, escribe "Decimales y porcentajes".

2. En la parte de atrás de cinco tarjetas, escribe "Fracciones y decimales".

3. En la parte de atrás de cinco tarjetas, escribe "Fracciones y porcentajes".

4. En la parte de atrás de cinco tarjetas, escribe "Suma y resta de decimales y porcentajes".

5. En la parte de atrás de cinco tarjetas, escribe "Multiplicación y división de decimales y porcentajes".

6. Abajo de las palabras de cada conjunto de tarjetas escribe uno de los siguientes números en cada tarjeta: 10, 20, 30, 40 o 50. Por ejemplo, en el conjunto de decimales y porcentajes, una de las tarjetas puede tener un 10, una un 20, una un 30, una un 40, y una un 50. Aquí tienes un ejemplo de tarjeta.

**Decimales
y porcentajes
10**

Reglas del juego

1. Baraja las tarjetas y repártelas entre los jugadores. Hay 25 tarjetas, por lo que a un jugador le tocan 12 y al otro 13.

2. Los jugadores elaboran una operación o problema en la parte de enfrente de la tarjeta.

La categoría que esté escrita en la parte de atrás de la tarjeta determina el tipo de problema. Por ejemplo, en la tarjeta que diga "Fracciones y decimales, 10 puntos", uno de los jugadores puede escribir *Convierte ¹/₂ en decimal*.

El número de la parte de atrás de la tarjeta, que es el número de puntos ganados por contestar correctamente el problema, determina el nivel de dificultad del problema de la tarjeta. Las tarjetas con números más altos deben tener problemas más difíciles, mientras que las tarjetas con números más bajos deben tener problemas más fáciles.

3. Una vez que todos los problemas estén escritos, los jugadores colocan todas las tarjetas en la mesa de tal manera que los problemas queden boca abajo. Acomoda las tarjetas en cinco columnas de acuerdo con la categoría y cinco renglones de acuerdo con el valor de los puntos. Coloca las tarjetas

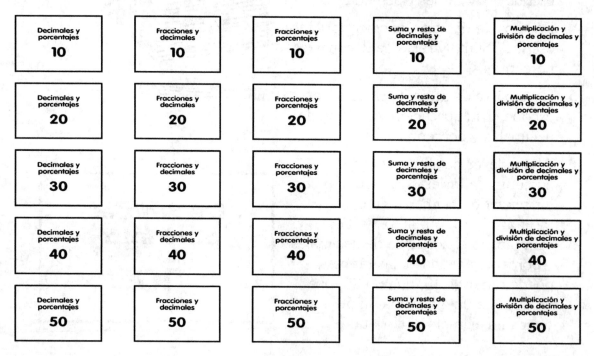

de "Decimales y porcentajes" en la primera columna, las de "Fracciones y decimales" en la segunda columna, y así sucesivamente. Coloca las tarjetas de 10 puntos en el renglón 1, las tarjetas de 20 puntos en el renglón 2, las tarjetas de 30 puntos en el renglón 3, las tarjetas de 40 puntos en el renglón 4, y las tarjetas de 50 puntos en el renglón 5.

4. El jugador 1 voltea una tarjeta de su elección, y los dos jugadores intentan resolver el problema. El primer jugador que lo resuelva correctamente conserva la tarjeta, elige otra y la voltea. Los dos jugadores resuelven este nuevo problema, si la respuesta de uno de los jugadores no es correcta, ese jugador debe darle al otro jugador una de las tarjetas que haya ganado, de igual o mayor valor. Si el jugador no ha ganado ninguna tarjeta, no debe entregar ninguna tarjeta.

5. El juego continúa hasta que se hayan jugado todas las tarjetas. Al final del juego, los jugadores suman los puntos indicados en la parte de atrás de las tarjetas para ver quién gana esta ronda del juego del Repaso matemático.

Generador de problemas

Crea problemas loquísimos para practicar la resolución de problemas de porcentajes.

MATERIALES

2 o más jugadores

tijeras

3 hojas de papel de colores diferentes

lápices

recipiente

hojas blancas

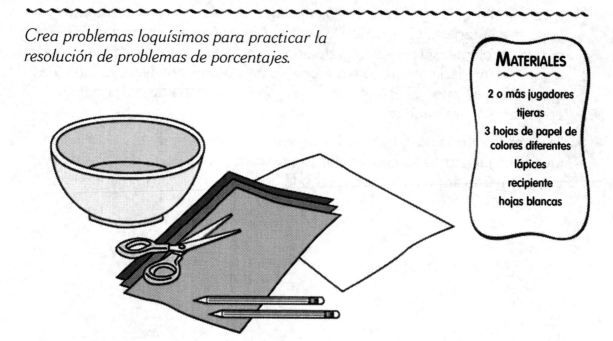

Reglas del juego

1. Corta una hoja de color en 8 partes.

2. Escribe uno de los siguientes porcentajes en cada una de las partes:

1%	50%
10%	80%
20%	100%
25%	250%

3. Dobla cada parte a la mitad y colócalas en el recipiente.

4. Corta otra hoja de color en ocho partes. Escribe uno de los siguientes números en cada una de las partes:

1/2	75
3	100
32	1,000
50	20,000

5. Dobla cada parte a la mitad y colócalas en el recipiente.

6. Por último, corta la tercera hoja de color en ocho partes. Escribe uno de los siguientes sustantivos en cada parte:

Dinosaurios	Papas fritas
Ratones	Juegos de computadora
Cacto	Zapatos tenis
Futbol	Mosquitos

7. Dobla cada una de estas partes a la mitad y colócalas en el recipiente.

8. Cada uno de los jugadores saca del recipiente tres papelitos de colores diferentes. Cada jugador habrá sacado un porcentaje, un número y un sustantivo.

9. En una hoja blanca, cada uno de los jugadores usa los tres papelitos que sacó para escribir un problema matemático divertido. Por ejemplo, uno de los jugadores saca 10%, 50 y la palabra dinosaurios. El problema que elabore puede ser el siguiente: A 10% de una manada de dinosaurios le gusta jugar ajedrez, si hay 50 dinosaurios en la manada, ¿cuántos dinosaurios juegan ajedrez?

10. Los jugadores intercambian los problemas creados y los resuelven. Después, leen en voz alta los problemas y las respuestas.

ACTIVA TUS neuronas

Usa cinco hojas de colores diferentes para crear tu propio generador de problemas. Los papelitos deben contener un porcentaje, una fracción, un número, un sustantivo y un verbo.

39

Crucigrama numérico

Repasa las fracciones, los decimales y los porcentajes mientras resuelves este crucigrama numérico.

MATERIALES

lápiz
papel
regla

Procedimiento

1. Copia el siguiente crucigrama.

1.	2.			3.	4.		5.		6.
			7.		8.				
								9.	10.
11.					12.		13.		
				14.			15.		
	16.								
			17.						

2. Resuelve los siguientes problemas de porcentajes y escribe las respuestas correctas en los espacios del crucigrama. Los puntos decimales, los signos de porcentaje y las diagonales de fracción ocupan un espacio independiente, y no hay ceros a la izquierda de los decimales menores que uno.

Horizontales

1. Escribe 89% como decimal.

3. Escribe $^1/_2$ como decimal.

5. Escribe $^3/_4$ como decimal.

8. Escribe 50% como decimal.

9. Escribe $^1/_5$ como decimal.

11. Escribe $2^1/_2$ como porcentaje.

12. Escribe 6% como decimal.

14. Escribe 30% como decimal.

15. Escribe $^{13}/_{20}$ como decimal.

17. Escribe 150% como decimal.

Verticales

2. Escribe .81 como porcentaje.

4. Escribe $5^1/_2$ como decimal.

5. Escribe $^1/_{20}$ como decimal.

6. Escribe 0.05 como porcentaje.

7. Escribe 1 como porcentaje.

10. Escribe .4 como fracción.

11. Escribe 0.02 como porcentaje.

12. Escribe 30.5% como decimal.

13. Escribe 650% como decimal.

16. Escribe $^1/_{20}$ como porcentaje.

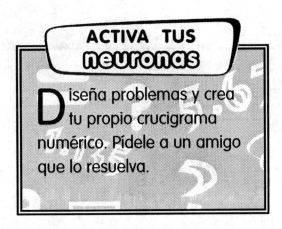

ACTIVA TUS neuronas

Diseña problemas y crea tu propio crucigrama numérico. Pídele a un amigo que lo resuelva.

Respuestas del crucigrama numérico

1. .	**2.** 8	9		**3.** .	**4.** 5		**5.** .	7	**6.** 5
	1		**7.** 1		**8.** .	5	0		%
	%		0		5		5		
			0					**9.** .	**10.** 2
11. 2	5	0	%		**12.** .	0	**13.** 6		/
%				**14.** .	3		**15.** .	6	5
	16. 5				0		5		
	%		**17.** 1	.	5				

114

40

Disparates matemáticos

Tal vez hayas hecho ya historias en las que eliges diferentes tipos de palabras que hacen que la historia se vuelva muy chistosa. Esta vez llenarás espacios en blanco con tus conocimientos de porcentajes y decimales.

MATERIALES

un amigo
lápiz
papel

Procedimiento

1. Copia en una hoja de papel la siguiente historia.

2. Pon tu nombre y el de tu amigo en los espacios correspondientes.

3. Pídele a tu amigo que diga números y nombres para llenar el resto de los espacios en blanco. No dejes que tu amigo lea la historia, sólo pídele que te dé una respuesta para las frases que están abajo de los espacios en blanco. Por ejemplo, puedes pedirle un número entre 0 y 100 y tu amigo podría decir 88. Escribe las respuestas de tu amigo.

4. Cuando todos los espacios en blanco estén llenos, léele la historia a tu amigo y ríanse mucho con lo que los dos crearon.

_____ y _____ decidieron emprender una
(nombre de tu amigo)   (tu nombre)

aventura. Cuando atravesaban la puerta de salida, escucharon a un meteorólogo de la televisión anunciar que hay una probabilidad de

_____ de una nevada. Imposible, pensaron. ¡Era _____
(número entre 0 y 100)   (número entre 30 y 50)

de agosto! Los dos amigos decidieron salir de compras. Tenían

$_____ entre los dos. Viajaron en _____
(número entre 1 y 1000)   (medio de transporte)

para llegar a la tienda, y en el camino vieron a _____ y a
                                                              (nombre de otro amigo)

_____. ¡En la tienda todo tenía un descuento de _____ %!
(nombre de mascota)   (número entre 0 y 100)

¡Caramba! Decidieron comprar _____. El artículo originalmente
                                         (algo que desees)

costaba $ _____ , pero con descuento costaba
           (número entre 1 y 1000)

$_____. ¡Una ganga!
(número entre 1 y 1000)

~~~~~~

ACTIVA TUS neuronas

Ahora crea tus propias historias que incluyan un problema de decimales y porcentajes.

CERTIFICADO DE MAESTRO DE DECIMALES Y PORCENTAJES

Ahora que ya dominas todos los problemas, juegos y actividades de este libro, estás oficialmente certificado como maestro de decimales y porcentajes. Saca una fotocopia de este certificado, escribe tu nombre en la copia y cuélgala de la pared.

50% • % • 25%

Certificado de Maestro de decimales y porcentajes

Otorgado a

_____

por dominar con éxito todos los
conocimientos, problemas y juegos de
Decimales encantadores y porcentajes impecables
y por convertirse en maestro de decimales y porcentajes

26.2
98.4 19.99
15%

A _____

Uno de los más altos honores de *Decimales encantadores y porcentajes impecables*

10% • % • 8.50 75.5

Índice

ESTA OBRA SE REALIZÓ EN IMPRESIÓN BAJO DEMANDA
LA EDICIÓN, COMPOSICIÓN, DISEÑO E IMPRESIÓN FUERON REALIZADOS
BAJO LA SUPERVISIÓN DE GRUPO NORIEGA EDITORES
BALDERAS 95, COL. CENTRO. MÉXICO, D.F. C.P. 06040
0331652051**5ENERO2016**DP9235IDE